레오나르도 다 빈치 아저씨네 피자 가게

교과연계	
4-1 국어 ㉮	1. 이야기 속으로
5-2 과학	4. 우리 몸의 구조와 기능
6-1 수학	4. 비와 비율

레오나르도 다 빈치 아저씨네 피자 가게

장지혜 글 | 정인하 그림 | 송은영 감수

주니어김영사

작가의 말

끊임없이 노력한 천재,
레오나르도 다 빈치

    2016년 3월, 인공지능 '알파고'가 천재 바둑 기사 이세돌을 이긴 대국을 기억하나요? '기계가 인간을 뛰어넘을 수 있을까?'라는 질문은 현실이 되었고, 우리는 과학의 눈부신 발전에 대해 놀라움을 넘어 두려움까지 갖게 되었습니다.

    하지만 저는 아직은 인간이 주인공이라고 생각합니다. 보통 사람이면 지쳐 포기했을 것 같은 상황에서도 이세돌 기사는 끊임없이 도전하는 모습을 보여 주었으니까요. 그리고 저의 머릿속에서 계속 떠오르는 인물이 있었습니다. 바로 미술과 의학 등 여러 분야에서 탁월한 성과를 남겼으며, 특히 과학 분야의 신기원을 열었던 레오나르도 다 빈치입니다. 그는 최초로 해부학을 연구하여 생명공학의 기초를 세우고 지금의 비행기와 헬리콥터의 원리와 구조를 처음으로 만들었습니다.

    히어로 영화의 주인공도 아니고 알파고처럼 인공지능을 가진 것도 아닌데 레오나르도 다 빈치는 어떻게 〈최후의 만찬〉과 〈모나리자〉 같은 세계 최고의 미

술 작품을 남긴 것도 모자라 엄청난 발명을 할 수 있었을까요?

　레오나르도 다 빈치가 처음 과학을 공부했던 이유는 그림을 완벽하게 그리고 싶은 욕구 때문이었다고 합니다. 하늘을 그릴 때에는 공기의 흐름까지 표현하고 싶었고, 사람을 그릴 때에는 인체의 섬세한 부분까지 나타내고 싶어 했습니다. 그래서 원근법과 면으로 사람을 표현하는 기법들을 개발하고 신체의 비율을 정확히 알기 위해 해부학을 연구했습니다. 이처럼 레오나르도 다 빈치는 뭐든지 절대로 대충 하는 법이 없었습니다. 그에게는 타고난 재능도 많았지만 끊임없이 연구하고 노력했기에 여러 분야에서 엄청난 성과를 거두었습니다.

　과학이 눈부시게 발전하고 있는 오늘날, 어떤 꿈을 꾸고 어떤 직업을 가져야 할지 고민하는 어린이가 있다면 이 책에 나오는 레오나르도 다 빈치 아저씨를 만나 보세요. 뭐든지 잘하고 싶고 남들과 다른 생각을 하기를 원하는 여러분에게 소중한 멘토가 되어 줄 것입니다.

2016년 5월 장지혜

차 례

모나리자 그림이 걸린 피자 가게
• 모나리자는 스푸마토 기법으로 그린 그림이다 • 8

죽은 새에 관한 비밀
• 신체의 비율을 정확하게 알기 위해 해부학을 연구하다 • 22

아저씨의 직업은 몇 개?
• 건물을 지으려면 과학과 예술을 함께 생각해야 한다 • 36

지하 창고에 다시 가다
• 아이디어가 떠오르면 그것에 집중하라 • 49

다섯 개의 방
• 예술 작품을 과학적으로 표현하다 • 64

살라이의 꾐에 빠지다
· 피나는 노력으로 얻은 지식을 기록하다 · 76

발명품이 살아 있는 방
· 그림을 실제화시키다 · 92

피자 가게 아저씨의 정체
· 건강한 몸과 마음에서 훌륭한 작품이 나온다 · 102

마지막 방의 무시무시한 비밀
· 발명은 사람들에게 필요한 것이 무엇인지 연구하는 것에서 출발한다 · 112

피자 가게에서의 마지막 파티
· 실패해도 또 다시 도전하라 · 126

과학과 예술을 넘나든 거장, 레오나르도 다 빈치는 어떤 사람일까? 144
독후활동지 156

모나리자 그림이 걸린 피자 가게
· 모나리자는 스푸마토 기법으로 그린 그림이다 ·

"이탈리아에서 온 셰프가 직접 만드는 수제 피자라고?"

엄마가 전단지를 보면서 중얼거렸다.

"엄마, 저도 집에 오면서 봤어요. 우리 아파트 앞 상가에 새로 생겼던데요?"

엄마는 '오픈 이벤트, 일주일 동안 모든 피자 30% 할인'이라고 적힌 문구를 유심히 보았다.

"세한아, 오늘 저녁은 나가서 먹자."

"피자 가게니까 배달시켜서 먹으면 되잖아요."

"배달은 안 된대. 어서 옷 입어."

조금 귀찮았지만 이탈리아 주방장이 직접 만든 피자 맛이 어떨지 궁금하기는 했다.

나는 아직도 이곳 '국제도시'가 낯설었다. 이사 온 지 한 달이 지나고 두 달이 지나도 도무지 적응이 되지 않았다. 진짜 오세한은 예전에 살던 곳에 있고 여기에는 가짜 오세한이 와 있는 것 같았다. 학교에서 새로운 친구들과 잘 지내 보려고 크게 웃기도 하지만 그것 역시 가짜 웃음이다.

"아빠 보고 싶다……."

집을 나서며 나도 모르게 중얼거렸다.

"한 달에 한 번씩은 오시잖아."

내 말을 언제 들었는지 엄마가 내 어깨에 손을 얹으며 말했. 아빠는 회사 때문에 국제도시로 함께 이사 오지 못했다. 이렇게 우리 가족이 떨어져 살 게 된 이유는 오로지 내 학업, 그중에서도 영어 때문이었다. 늘 교육 환경이 좋은 곳을 꿈꿨던 엄마는 외국인이 많은 국제도시를 보고는 단번에 이사를 결정했다.

솔직히 말해서 나는 영어 공부에 별 흥미가 없다. 대신 장구벌레나 햄스터 같은 동물을 관찰하고 글라이더를 만들고 블록을 조립하면서 노는 것이 더 좋다. 어릴 때부터 기계를 보면 뜯어 봐야 직성이 풀리는, 좀 별난 취미가 있었다. 그 바람에 한여름에 멀쩡

한 선풍기를 분해하다 망가뜨린 적도 있고 콘센트에 드라이버를 꽂았다가 병원에 실려 간 적도 있었다. 응급실에서는 크게 다치지 않은 것이 천만다행이라고 했다. 그 사건으로 부모님은 나를 사이언스 교실에 보내 주었다. 사이언스 교실에서는 여러 가지 실험을 마음껏 했고 그곳에서 만든 발명품으로 대회에 나간 적도 있었다.

하지만 국제도시에 이사 온 뒤로는 어림도 없는 일이었다. 엄마는 나를 이 도시에서 가장 유명하다는 영어 학원에 등록시킨 것도 모자라 수학 학원, 원어민과 함께 하는 농구 교실까지 다니게 했다.

"엄마, 나, 수학 그만두고 사이언스 교실에 다니면 안 돼요?"

보도블록이 깔린 길을 걸으면서 물었다.

"과학 점수는 잘 나오니까 이제 따로 안 배워도 돼. 수학을 관둔다고? 이번 학기에 배우는 도형 단원이 얼마나 중요한지 알기나 해?"

"그럼, 농구는요? 농구를 그만두면 되잖아요."

내 말에 엄마가 걸음을 멈추고 나를 보았다.

"오세한! 너, 우리가 왜 이 도시로 왔는지 벌써 잊은 거야?"

엄마는 내가 공부를 열심히 해야 하는 이유를 따발총처럼 늘어놓았다. 결론은 하나, 이 모든 것이 훌륭한 사람이 되기 위한 과

정이라는 것이다. 나는 점점 더 가슴이 답답해졌다. 아빠랑 떨어져 사는 것도 슬퍼 죽겠는데 내가 하고 싶은 것도 마음대로 할 수 없다니!

"저긴가 보다."

엄마가 가리키는 곳에는 'PIZZA'라는 간판이 걸린 아담한 가게가 있었다. 가게 이름이 그냥 피자라니, 어쩐지 좀 시시하게 보였다. 가게 안으로 들어서자 외국인 종업원이 우리를 반갑게 맞아 주었다. 딱 봐도 스무 살이 안 되어 보이는 형이었다.

"차오! 어서 오세요!"

겉보기와 다르게 가게에는 손님들이 가득 차 있었다. 엄마와 나는 종업원이 안내해 주는 자리에 앉았다. 곧 종업원이 한국어로 물었다.

"무엇을 드시겠습니까?"

"어머나! 우리말을 아주 잘하시네요."

"주방장님한테 배웠어요. 여기의 주인인 레오나르도 다 빈치 주방장님은 요리뿐만 아니라 모든 면에서 굉장히 재주가 많으신 분이거든요."

"주방장님은 예술에도 관심이 많으신가 봐요."

엄마 말에 나는 주위를 둘러보았다.

벽에는 어디에서 많이 본 듯한 그림들이 걸려 있었고 아름다운 조각상들이 곳곳에 놓여 있어서 마치 중세 시대의 유럽에 온 느낌이 들었다. 엄마는 자리에서 일어나더니 옆에 놓인 조각상을 뚫어져라 보았다.

"어머! 이 조각상은 베로키오의 다비드 상 아닌가요?"

"어? 베로키오 작품이라는 것을 어떻게 아셨어요?"

"다비드가 물매나 돌 대신 칼을 들고 있잖아요."

"제가 보기엔 저 다비드는 아드님하고도 많이 닮았는걸요?"

종업원이 나와 조각상을 번갈아 보며 말했다.

나는 얼굴이 달아올랐다. 베로키오라는 화가는 잘 모르지만 저 다비드가 성경에 나오는 다윗이라는 것 정도는 알고 있었다. 손에 칼을 들고 늠름하게 서 있는 것까지는 좋은데 하필이면 뽀글뽀글 파마머리라니!

"진짜 우리 아들하고 키가 비슷하네요, 호호."

엄마가 웃으며 대답했다.

'지금 키 얘기가 아니잖아. 저 이탈리아 형은 머리 스타일이 나와 닮았다고 말하는 거라고. 에잇, 학교에서도 친구들이 파마했냐고 자꾸 물어봐서 짜증 나 죽겠는데…….'

나는 원래 심한 곱슬머리이다. 이런 뽀글이 머리가 마음에 들지 않아서 생머리로 만드는 매직 파마를 해 본 적도 있었다. 하지만 매번 미용실에 가는 것은 굉장히 성가시고 불편한 일이었다.

엄마는 고르곤졸라 피자와 토마토 파스타를 주문했다. 종업원이 돌아가자마자 엄마가 맞은편에 앉은 나에게 얼굴을 들이밀며 속삭였다.

"세한아, 이 가게는 조만간 망하겠다."

"왜요?"

"인테리어만 이렇게 예술적으로 해 놓으면 뭐 하니? 가격이 지나치게 비싸. 요새 싸고 맛있는 집이 얼마나 많은데……."

엄마가 못마땅한 표정으로 말했다.

잠시 후 주문한 음식이 나왔다. 마치 미술품처럼 디자인된 예쁜 접시에 피자와 파스타가 먹음직스럽게 담겨 있었다.

"이 접시도 엄청나게 비싸 보이네. 어디 깨질까 봐 제대로 먹을 수나 있겠니?"

엄마는 이맛살을 찌푸리며 내 접시에 피자 한 조각을 조심스럽게 올려 주었다.

"뭐, 맛은 나쁘지 않네. 세한아, 너도 먹어 봐."

꿀에 찍은 피자를 한 입 베어 물자 달콤하고 고소한 맛이 입 안 가득 퍼졌다. 피자와 마찬가지로 토마토 파스타 역시 환상적인 맛이었다. 문득 이렇게 훌륭한 음식을 만든 주방장이 궁금해졌다. 나는 목을 길게 빼고 주방 쪽을 살펴보았다. 주방에서는 머리에 하얀 모자를 쓴 남자가 바쁘게 움직이고 있었다.

이윽고 주방장이 밖으로 나왔다. 이탈리아에서는 거지도 잘생겼다고 하더니 그 말이 정말 맞는 것 같았다. 나이는 우리 아빠랑 비슷해 보였는데 조각 같은 이목구비에 키가 커서 무슨 배우처럼 보였다. 하얀 주방장 모자 아래로 탐스러운 금발 머리가 보였다. 주

방장이 앞치마를 벗자 딱 벌어진 어깨와 근육질 몸매가 드러났다.

"세상에! 너무 근사하시다!"

엄마가 들고 있던 피자를 접시에 내려놓으며 말했다.

"엄마, 뭐가요?"

"어? 피자 말이야……."

주방장 아저씨는 테이블 사이를 돌아다니며 손님들한테 인사를 했다. 동네 아줌마들이 모두 황홀한 표정을 지으며 아저씨를 바라보았다. 우리 엄마도 마찬가지였다. 주방장 아저씨가 우리 테이블로 오자 엄마는 다급히 화장지로 입을 닦더니 미소를 지었다.

"음식이 입에 맞으시나요?"

"네. 이렇게 맛있는 피자는 처음 먹어 봐요. 비결이 뭔지 좀 가르쳐 주시겠어요?"

"감사합니다. 피자는 밀가루와 물의 비율, 반죽을 숙성시키는 시간, 토핑 재료에 따라 맛이 달라집니다. 화덕의 온도와 굽는 시간도 중요하지요. 그래서 전 레시피를 연구하고, 저 화덕도 직접 설계해서 피자를 만들었답니다."

엄마가 흡족한 표정으로 고개를 끄덕였다. 그런데 주방장 아저씨가 나를 보더니 빙그레 웃었다.

"살라이 말대로 다비드를 많이 닮았구나!"

"살라이요? 살라이가 누구죠?"

엄마가 한껏 발음을 굴려서 물었다.

"방금 다녀간 종업원의 이름이랍니다."

"아, 네."

아저씨가 다시 나에게 말했다.

"나도 어릴 때에는 너처럼 곱슬머리였단다. 물론 나는 검은색이 아니라 다갈색이 도는 금발이었지만. 하하! 나도 한때 다비드를 닮았다는 소리를 들었지."

머리 얘기는 이제 그만했으면 좋겠는데 또 이야기하다니! 기분이 더 좋지 않았다. 엄마가 내 표정을 보더니 얼른 화제를 돌렸다.

"이곳에 걸린 작품들은 유럽에서 본 것들과 정말 똑같아요. 어디에서 이렇게 진짜 같은 작품들을 구하셨나요?"

"특히 어느 그림이 똑같은가요?"

"저기에 걸린 〈모나리자〉 말이에요. 비밀을 간직하고 있는 것처럼 보이는 저 신비로운 미소를 보세요. 프랑스의 박물관에서 본 레오나르도 다 빈치의 작품과 정말 흡사하네요."

"신비로운 분위기를 연출하기 위해 모나리자의 눈과 입가에 붓질을 최소한 마흔 번쯤 했을 겁니다. 사람들은 저런 방법을 스푸마토 기법이라고 부르더군요. 스푸마토란 이탈리아 말로 '연기 같은', '아련한'이라는 뜻이지요. 스푸마토 기법으로 색깔과 색깔 사이의 경계선을 명확히 구분하지 않고 부드럽게 섞어 주면 물체에 그린 선들이 희미하게 보이는 효과가 납니다. **모나리자의 미소에 대해 다양한 해석이 나오는 것은 스푸마토 기법으로 그림을 그렸기 때문이에요.** 참! 우연의 일치인지 모르겠지만 제 이름도 레오나르도 다 빈치입니다."

"어머, 진짜요?"

"하하, 그렇답니다. 저 작품들 말고도 우리 가게에 특이한 것이 또 있는데……."

아저씨가 엄마와 나를 번갈아 보면서 말했다.

"저기 주방 안에는 화덕 말고도 접시를 운반하는 컨베이어 벨트 시스템이 있지요. 아! 그리고 화재에 대비해서 대형 스프링클러를 제가 손수 만들었죠."

"스프링클러를요? 불이 나면 자동으로 물이 뿜어져 나오는 기계를 말하시는 거예요?"

내가 묻자 아저씨가 놀라는 표정으로 나를 보았다.

"오, 스프링클러를 잘 알고 있구나. 제법인데?"

"네. 저희 아들이 그런 쪽에 관심이 좀 많답니다."

엄마가 자랑스러운 표정을 지으며 대신 대답했다.

그때 살라이가 와서 주문이 밀렸다고 하자 레오나르도 다 빈치 아저씨는 우리에게 서둘러 인사를 했다.

"그럼, 맛있게 드십시오. 다비드! 시간 날 때 다시 한 번 꼭 들르렴."

아저씨는 나를 향해 눈을 찡긋거리고는 주방을 향해 바쁜 걸음을 옮겼다.

죽은 새에 관한 비밀
• 신체의 비율을 정확하게 알기 위해 해부학을 연구하다 •

 엄마 말이 맞았다. 할인 이벤트 기간이 지나자 피자 가게는 눈에 띄게 한산해졌다. 모두들 피자 가격이 지나치게 비싸다고 투덜거렸다. 하지만 레오나르도 다 빈치 아저씨는 여전히 우리 아파트 아줌마들 사이에서 화제의 인물이었다. 피자 가게 앞을 지나칠 때마다 놀러 오라고 했던 아저씨의 말이 생각나곤 했다. 하지만 혼자서는 안으로 들어갈 용기가 나지 않았다.
 그러던 어느 날, 세 시간씩이나 영어 수업을 듣고 오는 길이었다. 피자 가게 앞을 지나다가 가게 문이 살짝 열려 있는 것을 보았다. 나는 걸음을 멈추고 문틈 사이로 가게 안을 들여다보았다. 곧

텅 빈 가게 안에 우두커니 서 있는 레오나르도 다 빈치 아저씨의 모습이 눈에 들어왔다. 아저씨는 골똘히 생각에 잠긴 채 벽에 걸린 그림 하나를 뚫어져라 바라보고 있었다. 햇빛이 유리에 반사되면서 아저씨의 얼굴 윤곽이 점점 더 뚜렷하게 보였다. 그림에 몰두하고 있는 아저씨의 표정이 하도 진지해서 신비로워 보이기까지 했다.

그런데 바로 그 순간, 코가 간질간질하더니 재채기가 나와 버렸다.

"에취!"

재빨리 입을 막았지만 한발 늦었다. 아저씨가 이미 나를 봤기 때문이다.

"오우! 다비드로구나!"

아저씨가 밖으로 나와 말을 걸었다.

"안 들어오고 거기 서서 뭐 해?"

나는 아저씨에게 방해가 된 것 같아서 조금 미안했다.

"그게 아니라, 뭘 하시는 것 같아서……."

"괜찮으니까 어서 들어오렴."

나는 쭈뼛거리며 가게 안으로 들어갔다.

"네 말대로 뭘 하긴 하는 중이었지. 너, 몰입이라는 말 들어봤지? 나는 혼자서 생각하고 무언가 상상하는 시간이 가장 즐겁고 행복하거든. 너도 집중해서 공부를 해 봤으니 알겠지?"

"……전 공부하는 시간이 제일 지루한데요?"

"어째서?"

"지금도 영어 학원에서 오는 길인데, 영어 공부가 하기 싫어서 미치겠어요. 오늘도 딴짓하다가 선생님한테 혼나기만 했어요."

"저런! 식욕 없는 식사가 건강에 해로운 것처럼 의욕 없는 공부는 오히려 사람의 기억을 해치는 법인데……."

아저씨가 혀를 끌끌 찼다.

"참, 너 배고프지 않니? 내가 제일 좋아하는 미네스트로네 수프를 만들어 줄까? 그 수프를 먹으면 한결 기운을 차릴 수 있을 거야."

괜찮다고 손을 내저었지만 아저씨는 주방으로 쌩 들어가 버렸다.

"다비드! 너도 어서 들어오렴."

주방에는 전에 아저씨가 말했던 각종 기계들이 있었다.

"저기 천장에 달려 있는 게 그때 말씀하신 스프링클러 맞죠?"

"오, 눈썰미가 좋은데? 조리 도중에 화재가 발생하면 바로 물이 뿌려지도록 만든 거란다. 그리고 이건 컨베이어 벨트 시스템이야. 한번 작동시켜 볼까?"

아저씨가 기계 위에 접시를 올려놓고 전원 버튼을 누르자 벨트가 움직이면서 순식간에 접시들을 이동시켰다.

"와, 대박이다!"

"하하! 대단하지? 주방 안에서 밖으로 쉽게 음식을 내보내도록 설계한 거야."

"참, 살라이라고 했던 종업원은 어디 갔나요?"

"살라이? 그놈은 찾지도 말거라. 바쁜 일이 있다고 둘러대고서는 지하 창고에서 쿨쿨 자고 있을 거다."

"여기에 지하 창고가 있어요?"

아저씨는 고개를 끄덕이고는 냉장고에서 재료들을 꺼내기 시작했다.

토마토와 당근, 셀러리, 양배추 그리고 내가 싫어하는 콩까지! 햄이나 고기는 하나도 없고 모조리 채소뿐이었다.

"미네스트로네 수프를 먹어 본 적이 있니?"

"아니오. 처음 들어 보는 수프인데요? 그런데 이 수프에는 고기가 안 들어가나요?"

"내가 채식주의자라서 말이야. 하지만 그 어떤 고기 수프보다 맛은 훌륭할 거야. 자, 채소를 손질하기 전에 하나씩 손에 들고 무게와 질감을 느껴 보렴."

아저씨가 나에게 당근과 양배추를 넘겨주었다.

"으악!"

나는 얼떨결에 양배추를 받아 들다가 비명을 질렀다. 하마터면 땅바닥에 떨어뜨릴 뻔했기 때문이다.

"이 양배추는 엄청 무거워요."

"그래, 싱싱해서 속이 꽉 차 있을 거야. 먼저 양배추를 들고 겉 모양과 색깔을 잘 관찰해 봐. 그런 다음, 재료의 냄새까지도 음미해 보는 거야."

아저씨는 조리대에 있는 채소에 코를 가까이 대더니 킁킁거리며 냄새를 맡았다.

"가끔은 말이다. 요리를 하면서 보고 느낀 것들을 노래로 불러 봐도 좋아. 밭에서 갓 뽑아 온 싱싱함을 콧노래로 표현해 보는 거지."

아저씨는 콧노래를 흥얼거리며 재료를 손질하기 시작했다. 레오나르도 다 빈치 아저씨는 보면 볼수록 재미있는 구석이 많았다. 생각하고 행동하는 것이 지금까지 내가 본 어른들과는 많이 달랐다.

잠시 뒤, 아저씨는 커다란 냄비에 올리브유를 두르더니 재료들을 볶았다. 양파가 익으면서 투명해지자 아저씨는 물을 붓고 후추를 뿌리더니 약한 불에서 뭉근하게 끓이기 시작했다.

"수프는 아주 오래 끓여야 돼. 그런 다음 여기에 페코리노 치즈와 파스타를 넣을 거야. 내가 여기에서 수프를 젓는 동안 너는 내려가서 살라이를 깨워 주겠니?"

"네? 제가요?"

아저씨는 고개를 끄덕이고는 다시 콧노래를 부르며 수프를 젓기 시작했다.

나는 아저씨가 가르쳐 준 대로 가게 입구 옆에 있는 계단으로 향했다. 나선형 계단을 따라 한참을 내려가자 쇠문이 나왔다. 생각했던 것보다 창고는 지하 깊은 곳에 있었다. 하지만 곳곳에 조명이 켜져 있어서 완전히 깜깜하지는 않았고 곰팡이 냄새 같은 것도 나지 않았다. 제일 먼저 밀가루 포대와 잔뜩 쌓여 있는 다양한 음식 재료들이 눈에 띄었다.

"저기…… 계세요?"

나는 살라이를 어떻게 불러야 할지 몰라 대충 얼버무렸다. 아저씨 말대로 살라이는 곯아떨어

졌는지 아무런 대답이 없었다. 망설이다가 용기를 내어 안쪽으로 들어갔다. 곧 생각했던 것과 전혀 다른 공간이 나왔다.

그곳은 내가 상상했던 지하 창고가 아니었다. 그동안 본 창고와 달리 깨끗하고 쾌적하기까지 했다. 복도에는 붉은 카펫이 깔려 있었고 피자 가게의 내부처럼 각종 미술품들로 장식되어 있었다.

나는 숨을 한 번 크게 몰아쉬고는 복도를 따라 걸어갔다. 주위가 너무 조용해서 내 발자국 소리가 크게 울릴 정도였다. 복도 벽마다 그림들이 나란히 걸려 있었는데 모두 훌륭했다. 그림 속의 풍경들도 생생했지만 무엇보다 그림 속 인물들이 금방이라도 살아서 움직일 것만 같았다.

"이게 다 아저씨가 그린 그림들인가?"

인물들의 눈동자가 나를 따라 움직이는 것 같은 착각마저 들 정도였다. 복도에는 여러 개의 방이 있었는데 그중 첫 번째 방의 문이 살짝 열려 있었다. 그곳은 아저씨가 그림을 그리는 곳 같았다. 캔버스와 널빤지와 나무 상자들이 여기저기에 널려 있었고 작업대 위에는 붓과 팔레트 등 그림 도구들이 어지럽게 놓여 있었다.

"저, 살라이, 살라이 형!"

헛기침까지 해 보았지만 아무 소리도 들리지 않았다.

"살라이, 아니 살라이 형은 대체 어디에 있는 거야?"

하는 수 없이 다음 방으로 가서 노크를 했다. 역시 대답이 없었다. 나는 조심스럽게 문을 열고 안으로 들어갔다. 그런데 그 방은 평범한 공간이 아니었다. 방 가운데에 커다란 테이블이 놓여 있었고 그 옆으로 실제 사람과 크기가 같은 인체 모형이 우뚝 서 있었다. 마치 수술실에 들어온 것처럼 으스스한 기분이 들었다.

테이블 위에는 새처럼 보이는 무언가가 있었다.

'진짜 새일까? 아니야. 모형이겠지……'

나는 떨리는 손으로 깃털로 덮여 있는 물체를 조심스럽게 만져 보았다. 부릅뜬 눈과 뻣뻣하게 굳은 몸뚱이로 봐서는 진짜 비둘기가 틀림없었다. 비둘기는 날갯죽지가 찢어진 채 죽어 있었다. 그리고 그 옆에 무언가를 그려 놓은 종이들이 있었다. 자세히 보니 비둘기를 스케치한 그림이었다. 비둘기뿐만 아니라 사람의 몸을 그린 종이들도 있었다. 사람의 뼈대와 근육, 심장, 혈관 등을 자세하게 그린 그림을 보자 나도 모르게 소름이 돋았다.

"여기서 뭐 해?"

깜짝 놀라서 돌아보니 살라이 형이 서 있었다.

"네? 레오나르도 다 빈치 아저씨가 시, 시켜서……. 어서 올라오시래요!"

그러자 살라이 형이 씩 웃으며 말했다.

"너도 나랑 비슷한 스타일이구나."

"네?"

"몰래 훔쳐보는 걸 즐기는 것 같아서."

형이 어깨를 으쓱하며 말했다. 그 말에 기분이 확 상했다.

"그런데 네 표정이 왜 그러냐? 아, 이 새를 보고 놀랐던 거로구나. 이 새는 분명히 주인님이 날갯죽지를 찢어서 관찰하려고 여기다 두신 걸 텐데……."

"그러니까 이 새를 해부했다는 말씀이세요?"

내가 놀라서 묻자 살라이 형이 씩 웃었다.

"이 정도 가지고 놀라기는! 예전에는 시체 해부도 하셨는걸!"

"시, 시체요? 죽은 사람 말이에요?"

"맞아. 두 살 된 어린아이부터 백 살 노인까지 해부한 시체가 한 삼십 여구쯤 되려나? 정 믿지 못하겠으면 코덱스를 보여 줄까? **주인님은 신체의 비율을 정확하게 알기 위해 해부학을 연구하셨어.**"

살라이 형은 구석에 쌓여 있는 공책 중에서 한 권을 꺼내서 겉표지를 감싸고 있는 끈을 풀고 나무로 된 자그마한 단추를 풀었다.

"해부 그림들이 어디에 있더라?"

살라이 형은 공책을 한 장씩 넘기며 그림들을 보여 주었다. 거

기에는 인체의 전체적인 모습뿐만 아니라 허파, 심장, 뇌 등 인체 기관까지 생생하게 그려져 있었다. 그중에는 장기의 속까지 들여다보이는 그림도 있고 근육을 줄이나 끈 모양으로 그린 그림도 있었다.

"주인님은 사람이 어떻게 움직이는지 알아보기 위해 이렇게 근육을 안쪽만 그려 놓으셨어. 또 이건 일부러 뼈를 보여 주려고 근육의 일부분을 빼고 그린 거고. 해부할 때에 실제로 뼈를 자른 뒤 단면을 살펴보기도 했지. 몸속에서 흐물흐물한 장기들을 꺼내 왁스에 넣은 다음, 원래 모양으로 만들어 놓고 그린 그림들도 있어."

살라이 형의 설명을 들을수록 온몸이 덜덜 떨려 왔다. 듣고 싶지 않은 마음이 굴뚝같았지만 입술만 달싹거릴 뿐 말이 나오지 않았다. 살라이 형은 그런 나를 보더니 또 한 번 음흉하게 웃었다.

"이게 바로 요즘 사람들이 '코덱스'라고 부르는 비밀 공책이야. 이 공책에 대한 비밀을 전부 알게 되면 이 세상을 지배하는 천재가 된다고 하지. 어때, 너도 탐나지 않아?"

말도 안 되는 소리이다. 저런 낡아빠진 공책을 읽으면 엄청난 천재가 될 수 있다고? 아무래도 살라이 형이 나를 놀리는 것이 분명했다.

"아, 아니오."

나는 그제야 정신을 차리고 방에서 나왔다. 정신없이 지하 창고에서 빠져나와 후닥닥 위층으로 올라갔다. 벌써 수프가 다 완성되었는지 가게 안에는 맛있는 냄새로 가득했다. 하지만 수프는커녕 그 어떤 것도 먹고 싶지 않았다. 내가 올라오는 소리를 듣고 주방에서 레오나르도 다 빈치 아저씨가 외쳤다.

"어서 와! 수프는 따뜻할 때 먹어야 해!"

아저씨의 목소리를 듣자 온몸에 소름이 확 끼쳤다. 나는 가게 테이블에 올려 두었던 책가방을 챙겨서 냅다 밖으로 도망쳤다.

[아저씨의 직업은 몇 개?]
• 건물을 지으려면 과학과 예술을 함께 생각해야 한다 •

학교에서 자꾸만 어제 일이 생각났다. 그리고 어제 저녁에 엄마가 했던 말도.

"이번에 너희 반 엄마들하고 새로 생긴 피자 가게에서 모임을 하기로 했어."

"피, 피자 가게라고요? 안 돼요, 엄마!"

나는 저녁을 먹다 말고 다급하게 외쳤다. 그 바람에 입에 있던 밥알들이 식탁으로 튀었다.

"애가 갑자기 왜 이래?"

"거기……. 비싸다면서요."

"요즘은 장사가 잘 안 돼서 그런지 브런치 가격을 내렸더라."

"브런치라고요?"

"그래. 아침과 점심 사이에 먹는 식사 말이야. 엄마들끼리 모여서 피자와 파스타를 먹을 거야."

엄마는 지금쯤 피자 가게에서 브런치 모임을 하고 있겠지? 수업 시간 내내 어제 본 해골 그림들이 계속 떠올랐다. 살라이 형도 그렇고 레오나르도 다 빈치 아저씨도 그렇고 수상한 사람들이 분명했다. 시체까지 해부해 봤다니! 혹시 피자 가게에 온 손님들을 하나씩 지하 창고로 유인해서 죽이는 연쇄 살인범이 아닐까?

"모두 집중!"

선생님의 말에 그제야 정신이 돌아왔다. 선생님은 칠판에 사인펜으로 크게 '창의력 발명품 대회'라고 적었다.

"다음 주까지 자신만의 아이디어로 발명품 계획서를 만들어서 제출하도록 하세요."

선생님의 말에 귀가 솔깃해졌다. 발명품 만드는 일은 내가 세상에서 제일 좋아하는 일이기 때문이다.

"발명품 계획서가 통과된 사람은 이번 달 마지막 날까지 발명품을 만들어서 내도록 하세요. 여기에서 뽑히면 학교 대표로 인

천시 발명품 대회에 나갈 수 있어요."

아이들이 여기저기에서 웅성거렸다. 선생님은 조용히 하라며 교탁을 두어 번 치고는 말했다.

"참, 오세한!"

선생님이 갑자기 내 이름을 부르자 깜짝 놀랐다.

"네?"

"전학 오기 전에 교내 발명품 대회에서 최우수상을 받았던데, 맞지?"

나는 고개를 끄덕였다.

"이번에도 기대할 테니까 열심히 해 봐!"

선생님이 나가자마자 옆에 앉은 박주영이 물었다. 주영이는 우리 반 회장인데 공부뿐만 아니라 모든 면에서 적극적인 친구이다.

"너, 어떤 작품으로 상을 받은 거야?"

"글라이더."

"날아다니는 모형 비행기를 말하는 거야?"

내가 그렇다고 하자 주영이가 소리를 질렀다.

"우아, 대단하다!"

"사이언스 교실에 다닐 때 만들었던 거야. 지금은 만드는 방법을 다 까먹었어."

거짓말이 아니다. 이곳으로 온 뒤 혼자서는 어떤 것도 만들 수가 없었다. 게다가 지금은 어제 있었던 일 때문에 글라이더는커녕 좋은 아이디어가 떠오르지 않는다.

"오세한, 발명품 과제 나랑 같이 하자!"

싫다고 말하고 싶었지만 왠지 그럴 수가 없었다. 그러고 보니 주영이와 이렇게 대화를 나누는 것도 처음이었다.

내가 얼떨결에 고개를 끄덕이자 주영이가 환하게 웃었다. 과연 내가 발명품을 잘 만들 수 있을까? 이런저런 생각으로 자꾸만 머릿속이 복잡해졌다.

여느 때와 다르게 피자 가게를 피해 공사장을 지나 집에 가기로 했다. 엄마가 피자 가게에서 아무 일 없이 브런치 모임을 잘 하고 있는지 궁금하긴 했지만 레오나르도 다 빈치 아저씨와 마주칠까 봐 겁이 났다.

'엄마한테 내가 본 것을 사실대로 다 말씀드릴까?'

고민을 하다가 고개를 절레절레 저었다. 엄마가 알게 되면 바로 경찰서에 신고할 게 뻔하다. 그러면 일이 걷잡을 수 없이 커질지 모른다.

"한 소년의 제보로 피자 가게 사장의 정체가 밝혀졌습니다. 그 소년은 국제초등학교에 다니는 5학년 오세한 군이며 피자 가게 사장은 무시무시한 살인범……."

어쩌면 이렇게 뉴스에도 나올지 모른다. 나를 노려보면서 경찰

서로 끌려가는 아저씨의 모습을 떠올리자 심장이 쪼그라드는 것만 같았다.

이럴 때 아빠가 곁에 있었더라면 얼마나 좋았을까? 나는 한숨을 푹 쉬고는 횡단보도를 건너서 공사장 쪽으로 터벅터벅 걸어갔다. 이곳은 아직 개발 중인 도시라 곳곳에 건설 현장들이 많이 있었다. 엄마는 공사장 근처는 위험하다면서 피해 다니라고 했지만 오늘만큼은 어쩔 수가 없었다.

공사장 앞을 지나는데 안전모를 쓴 남자가 갑자기 나타나더니 내 앞을 막아섰다.

"어이, 다비드!"

순간 나는 심장이 튀어나올 뻔했다. 그 남자는 바로 내가 방금 전까지 생각하고 있던 피자 가게 사장, 레오나르도 다 빈치 아저씨였기 때문이다.

"너, 혹시 바쁘니?"

키가 훤칠하게 큰 아저씨가 나를 내려다보며 물었다. 내가 눈도 마주치지 못한 채 우물쭈물하게 서 있자 아저씨가 불쑥 내 손을 잡아끌었다.

"안 바쁘면 너도 같이 가자!"

"어, 어디를요?"

"저기, 공사 현장으로 말이야."

"싫, 싫어요!"

나는 아저씨의 손을 뿌리치며 말했다. 그때 공사장 정문 쪽에서 안전모를 쓴 낯선 아저씨 두 명이 걸어 나왔다.

살려 달라고 소리라도 질러 볼까 하고 망설이는 사이에 아저씨들이 레오나르도 다 빈치 아저씨에게 다가왔다.

"지난번에 보내 주신 설계도가 큰 도움이 됐습니다."

아저씨들은 건설 회사 이름이 적힌 점퍼를 입고 있었다. 그런데 왜 레오나르도 다 빈치 아저씨한테 정중하게 인사를 하는 것일까?

"별말씀을요."

레오나르도 다 빈치 아저씨도 고개를 숙여 인사했다.

"아, 이 꼬마 친구는 누구인가요?"

한 아저씨가 물었다. 그러자 레오나르도 다 빈치 아저씨가 씩 웃더니 말했다.

"우리 가게 손님입니다. 건설 현장을 구경시켜 줄까 해서요."

"네, 그러시죠."

나는 고양이한테 잡힌 생쥐처럼 옴짝달싹 못 한 채 아저씨들을 따라 현장 안으로 들어가야만 했다. 건설 현장은 생각보다 크고 넓었다.

한 아저씨가 나에게 안전모를 건네주었다. 얼떨결에 안전모를 받아들자 아저씨가 나에게 머리에 쓰라고 손짓을 했다. 범죄자의 말은 일단 고분고분하게 잘 듣고 봐야 한다. 나는 머리에 커다란 안전모를 푹 눌러 썼다.

"도시를 계획하는 일은 과학적이면서도 신중하게 접근해야 합니다. 그러기 위해서는 무엇이든지 살펴보고 측량하고 세심하게 조사해야 하죠."

레오나르도 다 빈치 아저씨가 설명할 때마다 다른 아저씨들은 유심히 들으며 고개를 끄덕였다. 한 아저씨는 레오나르도 다 빈치 아저씨가 말한 내용을 수첩에 받아 적기까지 했다. 앞치마 대신 양복을 빼입어서인지 아저씨는 오늘따라 더 멋져 보였다. 그래서 그런 것일까? 아저씨가 수상한 사람이라는 것을 아무도 모르는 눈치였다.

공사 현장을 한 바퀴 둘러보고 나서 공사 관계자들이 아저씨와 나를 정문 쪽으로 바래다주었다. 나는 안전모를 얼른 벗고 도망칠 채비를 했다. 아저씨들이 악수를 하면서 인사를 나누는 동안 잽싸게 뛰어가려는데 레오나르도 다 빈치 아저씨가 나를 불렀다.

"다비드, 같이 가자!"

망했다! 나는 못 들은 척하며 가방을 메고 부리나케 걷기 시작했다. 하지만 아저씨는 금세 나를 따라잡더니 내 옆에 착 달라붙었다.

"참, 어제 수프도 안 먹고 왜 그냥 간 거냐?"

"아, 네. 제가 학원도 가야 하고……. 바쁜 일이 좀 많아서요."

"그렇구나. 내가 너한테 공사장을 보여 준 이유가 궁금하지 않니?"

"아니오, 하나도 궁금하지 않아요! 그럼 전 바빠서 먼저 갈게요."

하지만 아무리 빨리 걸어도 아저씨와의 간격이 좀처럼 벌어지지 않았다. 나의 열 발짝은 키 큰 아저씨가 한걸음 내딛는 것과 똑같았다. 그렇다고 갑자기 뛰어가면 아저씨가 이상하게 생각할 것이 뻔했다.

'내가 자신의 정체를 눈치챘다는 사실을 알면 확 돌변할지도 몰라. 침착하자, 오세한!'

"그래? 뜻밖이구나. 네가 이런 쪽에 관심이 많은 줄 알았거든."

"그런데 아저씨는 왜 공사 현장에 계신 거예요?"

나는 아저씨에게 되물었다. 원래는 이렇게 묻고 싶었다. 지하 창고로 유인할 사람들을 물색하려고 여기저기 돌아다니는 거냐고.

"아저씨는 피자 가게 사장님 아니었어요?"

나는 의심의 눈초리로 아저씨를 올려다보았다.

"직업이 꼭 하나일 필요는 없잖니? 난 요리사이면서 그림도 그리지. 아! 그림 창작을 하지 않을 때에는 천문학, 식물학, 지질학, 비행학, 지리학 등의 연구로 정신없이 바쁘단다. 그러니까 다비드, 너도 미리 꿈을 하나로 정해 놓을 필요는 없어. 가능성을 무한대로 열어 둘수록 꿈도 더 커지는 법이거든."

'천문학, 식물학, 지질학, 비행학, 지리학이라고? 그런데 해부학은 왜 빼는 거야?'

아저씨가 한 말이 사실처럼 느껴지지 않아서 다시 한 번 물었다.

"그럼, 이 공사장에서 무슨 일을 하시는 건데요?"

"난 이 국제도시에서 '아름다운 도시 설계'를 위한 자문 위원으로 일하고 있어. 말이 길어서 무슨 뜻인지 잘 모르겠지? **건물 하나를 짓더라도 과학적인 설계가 바탕이 되어야 하고 동시에 예술적인 측면도 고려해야 하는 법이거든.** 내가 하는 일은 새로운 도시를 만드는 데 도움을 주는 거지. 아주 오래전에 말이다, 나는 밀라노에 수상 도시를 건설하고 싶어서 여러 가지 아이디어를 내고 실제로 그에 필요한 기계들을 발명했었거든."

"이탈리아의 밀라노에서요?"

"음, 그때는 그곳이 심각하게 지저분했거든. 그래서 난 인구 문제와 위생 문제를 해결하고자 고심했지. 반듯하고 탁 트인 느낌의 도시를 건설하기 위해 먼저 지역을 열 곳으로 나누고 마을마다 수로를 설치했어. 수로를 이용해 밭에 물을 대거나 배를 타고 다닐 수 있도록 하기 위해서야. 그런 다음 물이 썩지 않도록 수로 사이에 커다란 날개바퀴를 달아서 물이 줄기차게 나오도록 했단다.
그중에서도 제일 골치가 아팠던 건 화장실 문제였어! 그때의 지독한 냄새를 떠올리면 아직도 코를 막고 싶어지는구나. 난 고약한

〈건축〉
과학적 설계
+
예술적 고려

악취를 해결하기 위해 통풍이 잘 되는 회전식 좌변기도 고안해 냈단다. 하지만 수상 도시를 벽돌과 회반죽으로 직접 건설하지는 못하고 도시를 설계하는 데에 만족해야 했어. 그런데 세월이 흘러 여기에서 국제도시를 건설하는 일에 참여하게 되니 무척 감회가 새롭구나!"

아저씨의 설명을 들으며 문득 내가 아저씨 이야기에 푹 빠져 있다는 사실을 깨달았다. 영화에서만 봐도 범죄자들은 아는 것도 많고 사람들에게 친절하게 굴지 않던가! 그제야 나는 퍼뜩 정신을 차리고 인사를 했다.

"저희 집이 바로 이 앞이에요. 그럼 안녕히 가세요."

나는 냅다 뛰어서 집으로 들어갔다.

[지하 창고에 다시 가다]
• 아이디어가 떠오르면 그것에 집중하라 •

다음 날, 엄마가 부엌에서 주스를 만들면서 물었다.

"참, 세한아, 학교에서 발명품 대회가 있다며?"

"엄마가 그걸 어떻게 아세요?"

"어제 담임 선생님한테 전화가 왔어. 너한테 기대를 엄청 하시는 눈치더라. 혼자서 만들 수 있겠니?"

엄마가 토마토 주스가 담긴 컵을 건네주었다. 나는 주스를 꿀꺽꿀꺽 마시고 나서 고개를 옆으로 저었다.

"이번에는 우리 반 주영이랑 같이 만들기로 했어요. 그런데 아직 뭘 만들지 정하지 못했어요. 지난번 발명품 대회 때는 사이언스 교실 선생님이 많이 도와주셨는데……."

내가 말끝을 흐리자 엄마가 말했다.

"엄마도 주영이 엄마한테 들었어. 그래서 말이야. 엄마들이 고민 끝에 너와 주영이를 도와주실 분을 구했단다."

내 옆에 앉은 엄마가 마른 침을 한 번 삼키고 입을 뗐다.

"그 분은 바로 피자 가게 아저씨야!"

순간, 나는 너무 놀라서 손에 들고 있던 플라스틱 컵을 떨어뜨리고 말았다. 반쯤 남은 토마토 주스가 바닥에 핏물처럼 번졌다.

"어머! 세한아, 괜찮아? 저리 비켜서 있어."

엄마가 부리나케 걸레를 가져와 바닥을 닦았다.

"엄마! 누, 누구라고요?"

"피자 가게에서 본 이탈리아 인 주방장 기억하지?"

"그 사람은 절대로 안 돼요!"

나는 주먹을 쥐고 소리를 꽥 질렀다.

"안 된다니? 얘가 대체 왜 이래?"

"그 아저씨, 진짜 이상한 사람이란 말이에요!"

"무슨 소리야? 얼마나 멋진 사람인데. 오늘도 엄마들이랑 피자 가게에서 브런치 모임을 했거든. 참, 커피도 완전 예술이더라. 향이 얼마나 좋은지! 발명품 대회 얘기를 하고 있는데 종업원이 오더니 그러는 거야. 주방장이 손재주가 많아서 이탈리아에서도 유명했대. 왜 전에 우리도 들었잖니? 주방에 있는 기계들을 레오나르도 다 빈치 주방장이 직접 만들었다고 한 거. 그래서 엄마랑 주영이 엄마가 모임 끝나고 조용히 주방장을 찾아갔지. 우리 아이들이 발명품을 만드는 데 좀 도와줄 수 있겠느냐고 부탁을 했는데 흔쾌히 그러겠다고 하더라. 얼굴만 잘생긴 게 아니라 성격까지 좋은 분 같았어."

"아무튼 전 싫어요!"

"아니, 왜?"

나는 피자 가게의 지하 창고에서 봤던 것을 얘기하고 싶었지만 입을 다물 수밖에 없었다. 아빠가 옆에 없는 이 상황에서 엄마까지 위험에 빠뜨릴 수는 없었기 때문이다. 나는 쿵쾅거리며 내 방으로 들어가 문을 닫았다.

"오세한! 그러지 말고 내일 학교 마치고 주영이랑 꼭 아저씨를 찾아가! 알았지?"

엄마가 문 앞에서 말하는 소리가 들렸다. 하지만 나는 침대에 누워서 이불을 뒤집어쓴 채 아무런 대꾸도 하지 않았다.

"세한아, 완전 땡잡았지? 나도 어제 우리 엄마한테 들었어. 이탈리아 인 주방장 아저씨랑 발명품을 같이 만들다니! 생각만 해도 설레고 좋아서 어젯밤에 잠까지 설쳤어!"

학교에 가자 주영이가 호들갑을 떨면서 말했다.

"너, 그 아저씨 본 적 있어?"

"전에 가족들이랑 피자 먹으러 가서 봤지. 요리도 잘하고 얼굴까지 완전 멋지던데? 가게 인테리어도 그 아저씨가 직접 하셨다고 하더라."

난 망설이다가 주영이한테 속삭였다.

"박주영! 조심하는 게 좋을 거야."

"뭘?"

주영이가 눈을 동그랗게 뜨고 물었다.

나는 말을 하려다 참았다. 아직 확실한 증거도 없는데 소문부터 나면 큰일이기 때문이다.

"아, 다른 애들한테 비밀로 하라는 거?"

주영이가 조그맣게 속삭였다.

"그것도 엄마한테 들었어. 아저씨가 우리를 도와주는 걸 비밀로 해 달라고 했대. 소문이 퍼지면 너도 나도 아저씨를 찾아가 부탁할까 봐 그렇대."

주영이는 수업 시간 내내 들떠 있었고 나는 걱정이 돼서 공부에 집중할 수가 없었다.

'그래, 확실한 증거를 잡은 다음에 말해도 늦진 않을 거야.'

딱 한 번만 주영이를 따라가야겠다고 마음먹었다. 수업을 마치고 주영이와 함께 피자 가게로 향했다. 보다 정확하게 말하면 가게 지하에 있는 비밀 공간으로 말이다.

가게 안으로 들어서자 주방에서 피자를 만들고 있는 살라이 형의 모습이 보였다.

"안녕하세요?"

주영이가 살라이 형에게 깍듯하게 인사를 했다.

"안 그래도 너희들이 온다는 얘기는 들었어. 주인님은 지하 창고에 계셔. 내려가 봐."

"우아! 여기 지하에 창고가 있어요?"

주영이가 기대에 찬 목소리로 물었다.

레오나르도 다 빈치 아저씨가 자리를 비우면 살라이 형이 대신 요리를 한다고 들었는데, 주방에 있는 살라이 형의 표정이 썩 밝

지 않았다.

"어제부터 쭉 거기에만 계셔. 보나 마나 그림에 또 흠뻑 빠지신 거야."

살라이 형은 투덜대며 피자 반죽을 치댔다.

우리는 나선형 계단을 따라 지하로 내려갔다.

"어머, 계단이 왜 이렇게 많아?"

주영이는 넘어지지 않게 발을 조심히 뗐다. 문 앞에 서자 지난번에 죽은 비둘기를 보고 놀랐던 기억이 생생하게 되살아났다.

"도저히 안 되겠다."

내가 돌아서서 가려고 하자 주영이가 못마땅한 얼굴로 물었다.

"오세한, 너 오늘 급식 시간에 뭐 잘못 먹었어? 아까부터 왜 그래?"

"속이 안 좋아서……. 오늘은 그냥 돌아가야겠어."

"좋아! 그럼 넌 먼저 가. 난 아저씨를 만나고 돌아갈 테니까."

내가 말릴 새도 없이 박주영은 문을 열더니 창고 안으로 쑥 들어가 버렸다.

"야! 박주영!"

나는 주영이가 걱정돼서 도무지 발걸음이 떨어지지 않았다. 어쩔 수 없이 크게 심호흡을 하고 주영이를 따라 들어갔다.

제일 먼저 눈에 들어온 것은 어리둥절하게 서 있는 주영이의 모습이었다. 주영이는 처음 여기에 왔을 때의 나와 똑같은 표정을 하고 있었다.

"우아, 지하에 이렇게 멋진 공간이 있다니! 모두 레오나르도 다빈치 아저씨가 직접 만드셨나 보다. 그렇지?"

주영이는 복도에 걸린 그림들을 구경하며 감탄사를 쏟아 냈다.

"그런데 아저씨는 어디에 계셔?"

"아마 그림 그리는 방에 계실걸?"

나는 태연하게 대답하려고 애를 썼지만 계속 식은땀이 났다. 우리는 복도를 지나 불빛이 흘러나오는 방으로 들어갔다. 곧이어 책이 가득 쌓인 커다란 책상이 보였다. 연필통과 잉크병 사이에 표지가 가죽으로 된 두꺼운 공책들이 놓여 있는 모습이 보였다. 공책들은 한눈에 봐도 아주 오래된 것들이었다. 살라이 형이 해부방에서 보여 줬던 것과 비슷해서 자꾸만 눈길이 갔다.

우리는 곧 이젤에 놓인 도화지에 그림을 그리는 레오나르도 다 빈치 아저씨의 모습을 볼 수 있었다. 아저씨를 보자 주영이는 깍듯이 허리를 숙여 인사했다.

"안녕하세요? 저는 세한이 친구 박주영이라고 합니다."

그제야 아저씨가 우리를 돌아봤다.

"어서 오거라. 주영이는 처음 보는구나. 반갑다."

"전 아저씨를 봤는데……."

"그래?"

"전에 가족들이랑 피자 먹으러 왔었는데, 기억 안 나세요?"

"미안하다. 손님들이 많아서 모두 기억할 수가 없단다."

"뭐, 괜찮아요."

주영이가 어깨를 으쓱이며 말했다.

"그런데 뭘 그리고 계셨던 거예요?"

주영이가 이젤을 가리키며 말했다.

"글쎄, 아직 그린 게 별로 없어서 말해 줄 것도 없구나. 난 영감이 한 번 떠오르면 종일 이러고 있단다. 어떨 때는 며칠 동안 밥도 먹지 않고 잠도 자지 않고서 말이야."

아저씨는 웃으며 다시 붓을 잡았다.

'저 인자한 웃음에 속으면 안 돼!'

나는 속으로 외쳤다.

"아저씨, 저희가 도와 드릴 것은 없나요?"

"글쎄다. 그럼 화장실에 가서 이 붓과 팔레트 좀 씻어 주겠니?"

"네!"

주영이가 씩씩하게 대답을 하고는 붓통을 집어 들었다. 나도 어쩔 수 없이 팔레트를 들고 뒤따랐다. 죽은 새가 있던 방이 보이자 가슴이 떨려서 눈을 질끈 감았다.

"오세한! 뭐 해?"

"어? 아무것도 아니야."

"너, 아까부터 좀 이상해. 얼굴이 창백한 게 체한 거 아니야? 오늘은 조금만 배우고 일찍 돌아가자. 그런데 화장실이 어디지?"

주영이가 물었다.

미로처럼 구불구불 이어진 지하 창고에는 다섯 개의 방이 있었다. 문이 많아서 어디가 화장실이고 어디가 방인지 알 수가 없었다.

"여기인가?"

주영이가 문을 열더니 소리쳤다.

"오세한, 이리 와 봐!"

"뭐, 뭐가 있는데?"

침을 꿀꺽 삼키고 문 쪽으로 갔다. 그래도 남자인데 겁쟁이처럼 도망갈 수도 없어서 정말 미칠 것만 같았다.

"벽면이 다 거울로 되어 있어. 대체 거울이 몇 개야?"

팔각형의 방 안에는 거울이 모두 여덟 개였다.

"거울로 된 방이라니, 진짜 신기하다. 그렇지?"

신기하기는커녕 무섭기만 한데 주영이는 요리조리 거울을 보면서 연신 포즈를 취했다.

"우아! 내 앞모습, 뒷모습 그리고 옆모습까지 다 보여."

"박주영, 그만 가자."

나는 주영이를 잡아끌었다.

"왜? 재미있는데?"

"아저씨 허락도 받지 않고 들어왔잖아."

그제야 주영이가 거울의 방에서 나왔다.

화장실은 다행히도 거울의 방에서 멀지 않은 곳에 있었다. 물을 틀어 놓고 팔레트를 씻자 여러 색의 물감이 수챗구멍을 향해 흘러내렸다. 색색의 물감이 한데 섞이자 검은색이 되었다. 마치 까맣게 타들어 가는 내 마음 같았다.

다섯 개의 방
• 예술 작품을 과학적으로 표현하다 •

아저씨는 며칠 동안 쉬지 않고 그림만 그렸다. 그 덕분에 우리는 수업을 마치고 지하 창고에 가도 별로 할 일이 없었다. 아저씨 옆에서 그림을 구경하거나 붓과 팔레트를 깨끗이 씻어서 갖다 놓는 일이 전부였다. 하지만 화장실을 수차례 오가면서도 다른 방에 들어갈 용기가 생기지 않았다.

"아저씨, 저희가 다음 주까지 발명품 계획서를 내야 하거든요?"

주영이가 참다못해 아저씨에게 물었다.

"아이디어는 생각해 봤니?"

아저씨의 눈은 여전히 그림을 응시하고 있었다.

"아니오, 아직······."

아저씨가 지금까지 우리에게 가르쳐 준 것은 아무것도 없었다. 학원에서는 선생님이 가르쳐 주는 대로 따라 하기만 하면 됐었는데, 아저씨는 우리를 가르쳐 주기는커녕 과학 발명품에는 관심조차 없는 사람 같았다.

"발명에 관한 책들도 보고 인터넷도 다 찾아봤는데 생각나는 게 없어요."

주영이가 입을 삐죽 내밀고 말했다.

"여기 걸린 그림들을 한번 잘 관찰해 보렴. 그러면 괜찮은 아이디어가 떠오를지도 몰라."

발명품에 대한 이야기는 하나도 하지 않고 미술 작품들만 들여다보라니! 주영이도 나랑 같은 생각을 했는지 아저씨한테 따졌다.

"저희가 나가는 대회는 미술 대회가 아니라 과학 발명품 대회라고요!"

주영이의 말에 아저씨가 책상으로 가더니 종이 한 장을 가져왔다. 작은 종이에는 남자의 몸이 밤갈색 잉크로 꼼꼼하게 그려져 있었다.

"이게 뭔지 아니?"

"어? 이 그림 어디에서 많이 본 건데?"

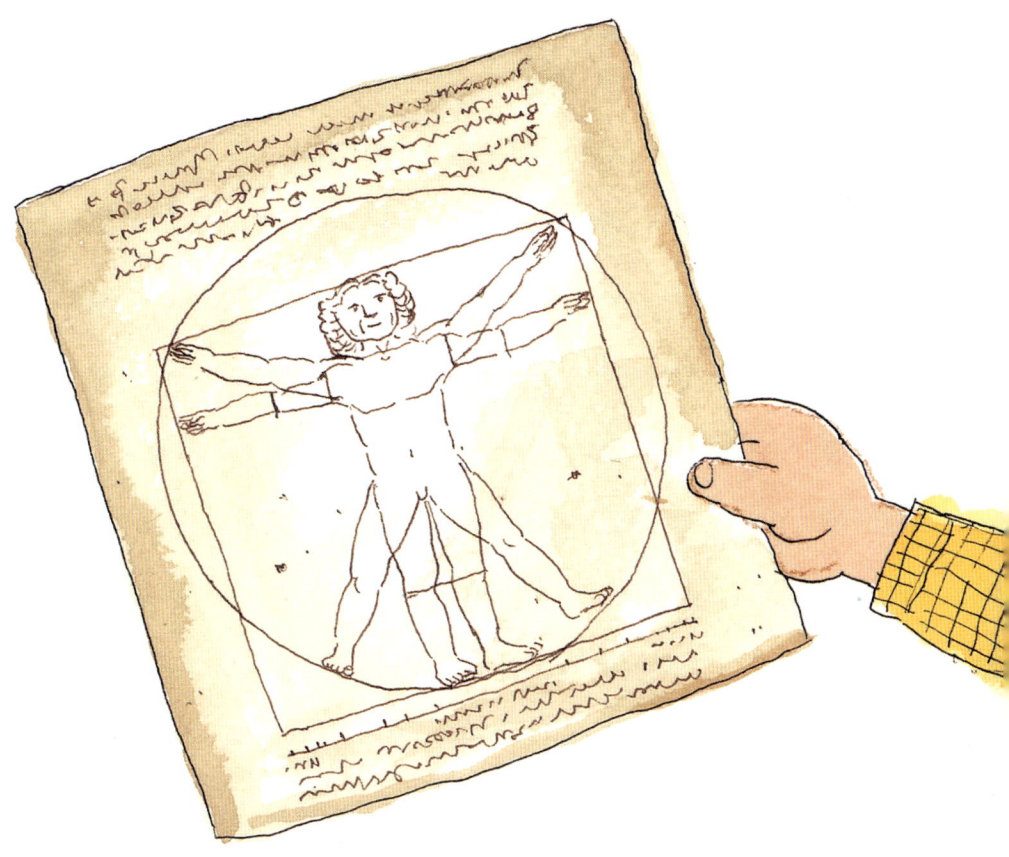

주영이가 말했다.

"바로 비트루비우스의 인체 비례도란다. 오래전, 로마의 건축가 비트루비우스가 쓴 《건축 10서》의 한 대목을 읽고 그린 거지. 책에는 '우주의 원리는 인간 안에 있기 때문에 아름다운 건축물을 지으려면 인체의 비율을 따라야 한다.'라는 글이 있어. 이 인체 비례도는 그 글에 영감을 받아 살아 있는 사람을 직접 자로 측정하고 그 결과를 기록해서 그린 거지."

"그런데 왜 두 사람을 겹쳐 그린 거예요?"

이번에는 내가 물었다.

"세한이가 좋은 질문을 했구나. 자세히 보거라! 우주를 원과 정사각형으로 표현한 다음, 정각사형 안에 십자가 모양처럼 두 발을 모으고 양팔을 벌린 남자를 그리고, 그 다음에 둥근 원의 내부에 두 팔을 좀 더 높이 들고 다리를 벌린 남자를 그렸어. 이 남자는 다리 사이가 정삼각형인 자세를 하고 있지? 이 두 남자는 다른 사람이 아니라 같은 사람이란다."

내가 고개를 끄덕이자 아저씨가 서랍 속에서 뭔가 꺼내면서 말했다.

"세한아, 네가 이 컴퍼스의 두 다리를 남자의 배꼽과 손끝에 맞추고 큰 원을 그려 보거라. 남자의 손끝과 발끝이 모두 원주에 닿아 있는 걸 알 수 있을 거야."

아저씨가 꺼낸 것은 수학 시간에 쓰는 컴퍼스였다. 송곳처럼 날카롭고 뾰족하게 생긴 컴퍼스를 보자 몸이 저절로 움츠러들었다.

"오세한, 왜 이렇게 겁쟁이처럼 굴어? 아저씨, 제가 한번 해 봐도 돼요?"

주영이가 나 대신 컴퍼스를 종이에 대고 원을 그렸다.

"와! 아저씨 말이 맞아요."

"어째서 이런 결과가 나왔을까? 잘 보렴. 바로 발끝에서 머리끝까지의 길이와 양팔을 가로로 벌린 길이가 같기 때문이지. 수많은 밤을 지새면서 알게 된 사실은 우리 몸이 원과 정사각형의 원리와도 통한다는 거였어. 그때 비로소 인간을 수학으로 계량할 수 있다는 믿음이 생겼고 이처럼 인간을 원과 정사각형 안에 집어넣는 시도를 할 수 있었단다. 자, 이래도 미술에서 배울 것이 없다고 할 거냐?"

아저씨의 말에 우리는 고개를 끄덕였다. 그러고는 주위에 있는 그림들을 다시 관찰해 보았다. 대충 볼 때는 잘 보이지 않던 것들이 시간이 지날수록 조금씩 보이기 시작했다.

"아저씨, 미술 시간에 배운 건데요. 이렇게 가까이에 있는 물체는 크게 보이고 멀리 있는 배경은 작게 보이는 것은 원근법에 따라 그림을 그렸기 때문이지요?"

주영이 말에 아저씨가 빙그레 웃더니 책상으로 가서 책 한 권을 가져왔다.

"이리 와서 책에 나온 그림을 한번 보거라."

"어? 이거 굉장히 유명한 그림인데?"

"〈최후의 만찬〉이라는 작품이잖아."

"세한이 말이 맞다. 이 작품은 벽화인데, 나무판 위에 그리는 것과 같은 느낌을 내기 위해 벽에 계란을 섞은 물감으로 그렸어.

하지만 작업을 마친 지 얼마 되지 않아 그림이 갈라지고 떨어져 나가기 시작했지."

아저씨는 이맛살을 찌푸리며 〈최후의 만찬〉을 보았다.

"그런데 있잖아요. 좀 이상한 점이 있어요."

"뭐가 말이냐?"

"제 귀에는 자꾸만 아저씨가 이 그림을 그린 화가처럼 들리거든요."

주영이가 고개를 갸웃대며 물었다.

"하하! 그럴 리가!"

아저씨가 겸연쩍게 웃고 나서 말했다.

"지금으로부터 오백 년 전쯤, 수도원 식당에 이 그림을 그린 이유는 수도사들이 예수님과 열두 제자들과 함께 식탁에 둘러앉아 식사하는 기분이 들도록 하기 위해서였어. 예수님 등 뒤에 있는 배경이 보이니? 이게 주영이가 말한 원근법의 효과지."

"우아, 멋져요! 진짜 그 당시 수도사들은 예수님과 함께 식사하는 기분이었을 것 같아요!"

"실제로 수도사들이 사용하는 것과 똑같은 식탁과 접시, 유리컵을 그렸어. 심지어 식탁보의 푸른색 자수와 끝에 주름이 달린 모습까지도 똑같이 표현했지."

"진짜 대단한 그림이에요. 그런데 어떻게 그 당시에 원근법을 정확하게 사용했을까요?"

"좋은 질문이구나. 당시 르네상스 시대에는 인간 중심의 사상이 발달하면서 예술 작품들도 과학적으로 표현하기 시작했단다. 보다 사실적으로 회화를 표현하고자 정확한 비율로 그림을 그리도록 도와주는 기구를 개발한 거지. 자, 그러니까 그림의 구도를 잡을 때에는 먼저 화폭의 중앙에 삼각형을 그린 다음, 사람들을 배치하고……."

아저씨는 도화지에 원근 측정 기구가 어떻게 생겼는지 자세하게 그려 주었다. 아저씨가 설명할 때 나는 옆에서 몰래 아저씨의 모습을 관찰했다. 하지만 시간이 지나도 수상한 점을 발견하기가 쉽지 않았다.

아저씨는 원근법뿐만 아니라 빛과 그림자로 그림의 깊이를 더해 주는 명암에 대해서도 가르쳐 주었다. 아저씨는 그림을 그릴 때에는 아주 정확한 수학적 계산과 법칙이 필요하다는 것을 강조하면서 오늘 수업을 끝냈다.

나는 주영이와 함께 작업실을 나오면서 다른 방을 힐끔거렸다. 그림 방과 해부 방 그리고 거울의 방 외에 나머지 두 개의 방에는 무엇이 있을까? 굳게 닫힌 문들을 보자 무서움과 함께 호기심이 생졌다.

"조금 실망이야."

피자 가게에서 나오자마자 주영이가 말했다.

"뭐가?"

"솔직히 나는 레오나르도 다 빈치 아저씨가 같이 발명품을 만들어 줄 거라고 기대했거든. 그런데 아저씨는 며칠째 계속 그림만 그리고 있잖아."

"박주영, 그러면 지금이라도 아저씨에게 도움받는 것을 그만두고 우리끼리 하는 건 어때?"

"오세한 너, 혼자서 생각해 둔 아이디어라도 있는 거야?"

내가 고개를 옆으로 젓자 주영이가 한숨을 푹 쉬었다.

"그럼 아무런 대책도 없으면서 우리끼리 발명품을 만들자는 거였어?"

주영이가 실망스러운 표정으로 나를 보자 목구멍이 간질간질해졌다.

"그게 아니라……. 사실 레오나르도 다 빈치 아저씨, 뭔가 좀, 어딘가 많이 수상한 사람 같아서 말이야."

"아저씨가 수상하다고? 에이, 말도 안 돼. 우리한테 따뜻하고 친절하게 대해 주시는 분한테 왜 그런 소리를 하는 거야?"

주영이가 목소리를 높여 말했다. 주영이가 나를 오해하고 있는 것 같아 속상한 마음이 들었다.

"잘 알지도 못하면서! 그 아저씨는 저런 고상한 그림만 그리는 게 아니라고! 전에 지하 창고에서 이상한 방에 들어갔는데……."

"이상한 방? 혹시 거울의 방을 말하는 거야? 내가 아저씨한테 물어봤는데 자화상을 그리기 위해서 만든 방이라고 하셨어."

"거울의 방을 말하는 게 아니야. 그림 그리는 방의 맞은편에 있는 방인데, 거기에서 죽은 비둘기랑 시체 해부도를 봤어."

내 말을 들은 주영이의 얼굴이 하얗게 변했다.

"뭐라고? 시, 시체 해부도?"

주영이의 목소리가 커졌다.

"야! 좀 조용히 말해. 다른 사람들이 들으면 어쩌려고 그래?"

나는 주위를 살피고는 주영이를 데리고 아파트 놀이터로 갔다. 그네 옆 벤치에 앉자마자 주영이가 따져 물었다.

"오세한! 왜 그걸 이제야 말하는 거야?"

"나 혼자 증거를 좀 더 찾아보려고 그랬어. 그런 다음에 너랑 다른 어른들한테 알려도 늦지 않겠다고 생각한 거야."

"그래도 나한테는 미리 말해 줬어야지."

주영이가 눈을 흘기며 말했다.

나는 한참 동안 처음 피자 가게의 지하 창고에 갔던 날, 죽은 새와 시체 해부도를 본 것에 대해 자세히 말했다. 주영이는 내 이야기를 다 듣고 나더니 갑자기 벤치에서 벌떡 일어났다.

"어쩌면 좋지? 이를 어떡하면 좋아!"

주영이는 똥 마려운 강아지처럼 주위를 서성대기 시작했다.

"야! 그만 좀 왔다 갔다 해라. 나까지 어지러워 죽겠어!"

"좋아, 오세한! 네 말대로 하자! 일단 증거가 있어야 어른들도 믿어 주실 테니까 다시 가서 아저씨를 잘 지켜보자."

"내 말을 듣고도 거길 또 가겠단 말이야?"

"뭐, 좀 무섭긴 하지만 너랑 같이 가는 거잖아. 그리고 바로 위층이 피자 가게라 손님들도 있으니 무슨 일이 생기진 않을 거야."

후유, 무슨 여자애가 이렇게 배짱이 두둑한 걸까? 하지만 주영이가 나를 믿어 주는 것 같아 한편으로는 기분이 나쁘지 않았다. 나는 무서운 마음을 숨긴 채 고개를 끄덕였다.

살라이의 꾐에 빠지다
•피나는 노력으로 얻은 지식을 기록하다•

 가뜩이나 심란한데 날씨까지 우중충했다. 미세 먼지로 뿌연 하늘 사이로 붉은 해가 보였다. 평소에는 잘 보이지 않는 태양을 보자 어쩐지 기분이 좀 이상했다. 붉은 해는 지구가 인류에게 보내는 경고처럼 느껴졌다. 아침에 미세 먼지 주의보가 내렸다면서 엄마가 마스크를 챙겨 줬지만 답답해서 쓰지 않았.
 '저 미세 먼지를 없앨 방법은 없을까?'
 화사한 햇살을 가려 버린 미세 먼지가 밉기까지 했다. 나는 생각에 빠진 채 혼자서 학교를 빠져나왔다. 어제 그토록 씩씩한 모습을 보였던 박주영은 막상 수업이 끝나자 보충 수업이 있다며 학원으로 내빼고 없었다.

'치! 증거를 찾겠다고 큰소리 뻥뻥 치더니, 결국 겁을 먹고 도망갔잖아.'

혼자서 피자 가게 앞에 도착하자 살라이 형이 문을 열고 나왔다.

"어이, 다비드!"

내가 꾸벅 인사를 하자 살라이 형이 물었다.

"오늘따라 왜 이렇게 기운이 없어 보여?"

"그냥요."

"혹시 발명품 아이디어가 떠오르지 않아서 그런 건 아니고?"

살라이 형이 특유의 비웃는 표정을 지으며 물었다.

"그걸 어떻게 아셨어요?"

"주인님한테 들었지."

"아저씨는 지금 안에 계세요?"

"아니, 날아다니는 새를 관찰하러 나가셨어. 옛날에 한번 주인님을 따라갔다가 큰일 날 뻔했거든. 그 뒤로는 세상이 무너지는 한이 있어도 절대로 주인님을 안 따라가."

"네? 새를 관찰하다가 큰일 날 뻔했다고요?"

"말도 마! 우리 주인님의 호기심은 하늘을 찌르거든. 어떤 조수 녀석은 주인님이 하는 실험에 참가했다가 다리가 부러진 적도 있었지. 그러니까 너도 주인님한테 무언가를 배우면서 조심하는 게 좋을 거야."

살라이 형의 말은 어디까지가 진실이고 어디까지가 거짓인지 도통 알 수가 없었다.

"그 사람은 다리가 왜 부러졌는데요?"

"주인님이 하늘을 나는 실험을 하려고 날개를 만든 적이 있었거든. 그 녀석이 날개를 달고 높은 곳에서 뛰어내렸지. 죽지 않은 게 천만다행이었어."

사람이 직접 하늘을 나는 실험을 했다고? 레오나르도 다 빈치 아저씨는 알면 알수록 종잡을 수 없는 사람 같았다.

"너, 엄청나게 고민되는 모양인데 내가 해결책을 하나 줄까?"

나는 귀가 솔깃했다.

"이리 들어와 봐. 내가 발명품 아이디어에 도움이 되는 것을 하나 줄 테니까."

살라이 형은 한쪽 눈을 찡긋거렸다.

지푸라기라도 잡고 싶은 심정이라는 말은 이럴 때 쓰는 걸까? 폼 나게 거절하고 싶었지만 발명품 계획서를 제출하는 날이 코앞에 다가와 있었다. 하는 수 없이 살라이 형을 따라 피자 가게 안으로 들어갔다.

"여기서 잠깐만 기다려."

살라이 형은 지하로 내려가더니 레오나르도 다 빈치 아저씨의 책을 한 권 가지고 올라왔다.

"전에 내가 이 코덱스에 대해서 이야기해 준 거 기억나지?"

"네. 이런 책들이 방마다 있던데요?"

"맞아. 주인님은 무엇이든지 메모하는 습관이 있거든. 주인님의 생각을 메모한 공책의 양도 어마어마하지. 그중에서도 이 코덱스 안에는 엄청난 발명품들이 있다는 사실! 주인님이 일부러 글씨를 거꾸로 적어 놓고 중요한 부분을 틀리게 써 놓아서 해독이 어려운 게 흠이긴 하지만 말이야."

"글씨를 거꾸로 적어 놓으셨다고요?"

"글자를 오른쪽에서 왼쪽으로 써 놓으셔서 거울에 비춰 봐야 겨우 읽을 수 있어. 나는 인내심이 없는 편이라 많이 읽지 못했지만 내가 아는 건 잘 설명해 줄 수 있어."

살라이 형이 보여 주는 코덱스 속의 글자는 읽기 어려웠지만 그림들은 대충 이해할 수 있었다. 새의 날개와 깃털 등 동물과 식물에 대한 스케치, 음악에 대한 생각과 악기 설계도, 새로운 무기에 대한 아이디어, 댐 건설과 관련된 스케치, 그밖에 수많은 발명품에 대한 그림들까지 호기심을 끌기에 충분했다.

"어때? 관심 있으면 가져가서 봐도 돼."

"네? 아저씨 허락도 안 받고요?"

"어차피 우리 주인님은 하는 일이 많아서 이 책이 없어졌는지 알아채지도 못할걸?"

"그래도 안 돼요! 주인 허락도 없이 몰래 가져가는 건 도둑질이잖아요."

"난 이 책을 훔치라고는 안 했어. 그냥 빌려가서 참고만 하라는 거지. 그리고 너, 지금까지 아무것도 생각하지 못했으면서 무슨 수로 발명품을 만들려고 그래?"

살라이 형의 말에 마음이 흔들리기 시작했다.

살라이 형은 내게 코텍스를 넘겨주고서 음흉하게 웃었다.

"자, 그럼 너도 내 부탁 한 가지만 들어줄래?"

살라이 형이 내게 한 부탁은 그리 어려운 것이 아니었다.

'괜찮을 거야. 주영이랑 같이 본 다음에 다시 제자리에 가져다 놓으면 되겠지.'

"그리고 또 하나! 이 사실이 주인님의 귀에 들어갔다간 국물도 없을 줄 알아!"

살라이 형은 으름장을 놓았다.

한편으로는 이 코덱스가 아저씨의 정체를 밝히는 데 단서가 될 것 같았다. 거기까지 생각이 미치자 책을 쥔 손에 나도 모르게 힘이 들어갔다.

허겁지겁 코덱스를 가슴에 품고 가게를 빠져나왔다. 그리고 얼른 주영이에게 전화를 걸었다.

"뭐? 레오나르도 다 빈치 아저씨의 코덱스를 훔쳤다고?"

주영이는 학원이 끝나는 대로 학교 도서실로 가겠다고 했다. 나는 가방 안에 코덱스를 넣고 다시 학교로 갔다.

도서실에서 제일 한산해 보이는 창가 쪽으로 갔다. 책상에 자리를 잡고 앉아 품 안에 있던 코덱스를 조심스럽게 꺼냈다. 그런 뒤에 한 장씩 천천히 넘겨 보았다.

레오나르도 다 빈치 아저씨는 정말 하늘을 나는 법에 관심이 아주 많았는지 코덱스의 앞부분에는 낙하산, 헬리콥터 등 비행기구들로 보이는 그림이 많았다. 그림 솜씨가 워낙 뛰어나서 대충 보고도 어떤 발명품인지 짐작할 수 있는 것도 있었다. 반면에 용도를 짐작하기 어려운 그림들도 많았다.

이윽고 주영이가 헐레벌떡 도서실로 들어왔다. 주영이는 내가 앉은 자리로 오자마자 목소리를 낮춰 속삭였다.

"오세한, 어쩌려고 그래?"

"살라이 형이 잠깐만 빌려 가도 된다고 했어."

"그 오빠는 왜 이걸 너한테 빌려주는 건데?"

나는 머뭇거리다가 사실대로 대답했다.

"이 코덱스를 보여 주는 대신 뭘 좀 빌려 달라고 했어."

"뭘 빌려 달라고 했는데?"

"게임기."

그러자 주영이가 어이없다는 듯 웃었다.

"게임 때문에 이걸 아저씨 몰래 줬다는 거야?"

"살라이 형은 게임을 해 보는 게 소원이래. 그리고 혹시 알아? 여기에 아저씨가 살인범이라는 결정적인 증거가 있을지도."

"좋아. 그럼 얼른 보고 제자리에 갖다 놓자."

우리는 머리를 맞대고 코덱스를 본격적으로 읽기 시작했다. 하지만 발명품이 엄청나게 많은 데다 여러 개의 볼이 달린 톱니바퀴, 스프링과 프로펠러 모양의 기구 등 알쏭달쏭한 그림이 많아서 이해가 잘 되지 않았다.

"거꾸로 된 글씨인데다 우리말이 아니라서 어디에 쓰이는 물건들인지 모르겠다."

주영이가 한숨을 푹 쉬었다.

"나도 그렇긴 한데 아까 살라이 형한테 잠깐 설명을 들었거든. 여기에 있는 것은 대부분 기계들을 디자인한 그림들이래. 이 코덱스는 2만여 쪽이 넘는 공책인데, 레오나르도 다빈치 아저씨가 피나는 노력으로 얻은 지식을 기록해 둔 거야."

나는 들은 대로 주영이한테 설명했다. 세계 최초의 회전 무대, 운하 시스템에 사용되는 잠금장치, 접이식 사다리, 3단 기어로 작동되는 굴대, 수평 수차, 접이식 가구, 올리브 압축기, 자동화된 여러 가지 악기, 수력으로 작동되는 자명종, 치료용 안락의자, 도랑 청소에 쓰이는 기중기 등에 대해서 말이다.

"와, 그림만 봤을 때는 모르겠더니 이게 다 쓰임새가 있는 발명품들이구나!"

"맞아, 이걸 연구하면 우리 과제에 많은 도움이 될 것 같아."

우리는 머리를 맞대고 코덱스를 살펴보았다.

"레오나르도 다 빈치 아저씨는 진짜 대단한 사람 같아. 이렇게 많은 발명품을 만들었다니……. 잠깐만!"

주영이의 표정이 갑자기 굳었다. 뒷부분에 시체 해부도가 그려져 있었기 때문이다.

"어? 여기에도 있네. 지난번에 내가 본 그림이랑 비슷하다."

"진짜 시체를 보고 이런 그림을 그린 걸까?"

다음 장을 넘기던 주영이의 손이 떨리기 시작했다.

"실제로 보지 않고서 어떻게 이렇게 세세한 해부도가 나오겠어? 뼈랑 근육은 그렇다 치고 장기들도 과학 시간에 본 것과 정말 흡사하잖아."

"아까 이 공책을 코덱스라고 했지? 아무튼 이 코덱스는 증거가 되기에 충분한 것 같다."

"하지만 아저씨가 눈치채기 전에 다시 갖다 놔야 하는데……."

"나한테 좋은 생각이 있어. 이중에서 해부 그림들만 사진을 찍어 놓자."

고개를 들어 주위를 살펴보니 도서실 사서 선생님은 책을 정리하느라 바빠 보였다. 주영이는 얼른 스마트폰을 꺼내서 그림들을 재빠르게 찍었다. 나는 옆에서 책장을 넘기며 주영이가 사진 찍는 것을 도왔다. 뒷부분에는 사람뿐만 아니라 곰과 원숭이, 개구리 등을 해부해 그려 놓은 그림들도 있었다.

"얘들아!"

그때 사서 선생님이 우리를 불렀다.

"도서실 내에서 스마트폰을 사용하면 안 돼!"

사서 선생님이 다가오자 나는 재빨리 코덱스를 덮었다.

"죄송합니다."

우리는 코덱스를 챙겨서 후닥닥 도서실을 나왔다.

"이제 어쩌지?"

운동장을 가로질러 걸으며 주영이가 물었다.

"너, 지하 창고 복도 맨 끝에 있던 방 알지?"

내가 묻자 주영이가 고개를 끄덕였다.

"지하 창고에 있는 방은 총 다섯 개야. 아저씨가 그림을 그리는 그림 방이랑 우리가 본 거울의 방 그리고 해부 방……."

해부 방이란 말에 주영이가 몸을 떨었다.

"생각만 해도 끔찍해."

하지만 코덱스를 보고 나자 내 생각은 조금 달라졌다. 아저씨가 그린 수많은 발명품들에 대해 알고 싶어졌다. 나는 일단 주영이를 설득해 보기로 했다.

"우리가 보지 못한 방이 두 개 더 있어. 그 방들에 뭔가 있을지도 몰라."

"그래서 거길 들어가 보자고?"

"내일 마지막으로 한 번 더 가 보자. 혹시라도 결정적 단서가 나올지도 모르잖아. 아저씨가 다른 일을 하는 동안 후딱 둘러보고 나오면 될 거야."

내 말에 주영이가 기어들어 가는 목소리로 물었다.

"끔찍한 게 있으면 어떡해?"

"박주영, 처음엔 용감하게 굴더니 왜 이러는 거야?"

"그래……. 시체 해부도 이야기를 듣고 밤에 자려고 누웠는데 점점 소름이 돋는 거야. 그리고 지금 이 그림들을 보니까 지하 창고에 갈 마음이 싹 사라졌어."

"박주영, 그러지 말고 내일 같이 가자."

"왜? 그냥 이 사진만 엄마한테 보여 드려도 되잖아."

그건 안 될 말이다. 엄마들이 이 사진을 보면 아저씨한테 못 가게 막을 테고, 그러면 아저씨에게 발명품들에 대한 이야기를 끝내 듣지 못할 것이다.

"내일 딱 한 번만 마지막으로 가 보자. 부탁이야, 나머지 방들을 보면 비밀이 다 풀릴지도 모르잖아."

도대체 언제부터 나에게 어떻게 이런 용기가 생겼는지 모르겠다.

"그래, 알았어. 너 혼자 그 끔찍한 곳에 가게 할 수는 없지."

주영이는 하는 수 없다는 듯 고개를 끄덕였다.

"오세한, 난 네가 이렇게 용감한지 진짜 몰랐어. 네가 다시 보인다."

주영이의 말에 다시 한 번 결심이 굳어졌다.

그날 밤 밤늦도록 코덱스를 보다가 잠이 들었다.

'이것만 있으면 세상을 지배하는 천재가 될 거야!'

살라이 형의 말이 자꾸만 떠올랐다. 보면 볼수록 코덱스가 탐나긴 했다.

'아니야. 해독도 하기 힘든 책을 가져서 뭐 하려고? 그냥 내일 다시 제자리에 갖다 놓자.'

나는 영어 책을 밀어 놓고 코덱스를 밤새 뒤적거렸다.

발명품이 살아 있는 방
• 아이디어를 발명품으로 만들다 •

피자 가게 안에는 레오나르도 다 빈치 아저씨가 없었다. 주방에서 살라이 형만 분주하게 일하고 있었다. 우리는 지하 계단으로 살금살금 내려갔다. 복도를 지나가려는데 그림의 방에서 아저씨의 목소리가 들려왔다. 아저씨가 그림을 그리며 노래를 부르는 모양이었다.

우리는 깜짝 놀라 거울의 방으로 들어가 몸을 숨겼다. 자그마치 여덟 개나 되는 거울이 나와 주영이의 모습을 다양한 각도로 비추고 있었다. 코덱스를 들고 우왕좌왕하는 여덟 명의 나를 보자 불현듯 죄책감이 들었다. 어서 여기에서 나가 코덱스를 제자리에 갖다 놓고 싶었다.

마침내 레오나르도 다 빈치 아저씨가 그림의 방에서 나와 위층으로 올라가는 소리가 들렸다. 발자국 소리가 멀어지자 우리는 거울의 방에서 얼른 빠져나왔다. 그러고는 아저씨가 있던 방으로 가서 책상 위에 있는 책꽂이에 코덱스를 꽂아 두었다.

그때 밖에서 다시 인기척이 들렸다. 우리는 놀라서 한참을 우왕좌왕하다 밖으로 나왔다.

"일단 저쪽으로 가자!"

나는 주영이를 잡아끌고 해부의 방을 지나쳐 맨 끝에 있는 방으로 갔다. 마주하고 있는 두 개의 방 중에서 먼저 오른쪽 방문을 열었다.

"헉!"

불을 켜자 놀라운 광경이 펼쳐졌다.

"어머, 이게 다 뭐야?"

우리는 입을 다물지 못한 채 주위를 둘러보았다. 넓은 방 안에는 벽마다 진열장이 설치되어 있었는데, 진열장에는 미니어처 모형들로 가득했다. 가까이에 가서 보니 우리가 어제 코덱스에서 봤던 그 발명품들이었다.

진열장을 가득 채운 수백 가지의 발명품들을 보자 입이 떡 벌

어졌다. 방 한가운데에는 덩치가 큰 모형들이 전시되어 있었고 천장에는 책에서 본 비행기구들이 매달려 있었다. 헬리콥터와 낙하산 그리고 〈어벤져스〉 영화에 나오는 비행기처럼 생긴 날개가 빙글빙글 돌고 있었다.

"굉장하다! 이게 다 아저씨가 발명한 거야?"

주영이가 물었다.

"그래, 맞다."

등 뒤에서 레오나르도 다 빈치 아저씨의 목소리가 들렸다. 우리는 깜짝 놀라 뒤를 돌아보았다.

"이 녀석들! 허락도 없이 몰래 들어온 게로구나."

"죄, 죄송해요."

주영이가 고개를 숙이자 아저씨가 웃으며 말했다.

"그러지 않아도 내가 오늘쯤 이곳을 보려 주려고 했는데, 마침 잘됐구나. **여기에 있는 발명품은 내가 코덱스에 그린 설계도를 보고 직접 만든 것들이란다.** 너희들, 이것들의 쓰임새가 무엇인지 잘 모르겠지?"

"네."

아저씨는 방 한가운데에 놓인 큰 모형을 가리키며 말했다. 기중기, 지렛대, 도르래, 톱니바퀴가 합체된 기계였다.

"이 기계는 오늘날의 크레인과 비슷한 것이라고 생각하면 된다. 예전에는 전기가 없어서 인부들이 직접 무거운 짐을 나르면서 날마다 고된 노동에 시달려야 했거든. 그래서 기중기, 지렛대, 도르래, 톱니바퀴를 다 합쳐서 순식간에 땅을 뚫고 흙을 파내는 기계를 만들었어."

"그 옆에 자동차처럼 생긴 기계는 뭐예요?"

주영이가 물었다.

"스프링 동력 자동차야. 원래는 연극배우들을 태우기 위한 무대 장치로 고안했던 거란다. 원리는 간단해. 태엽이 달린 기차처럼 용수철의 힘으로 굴러가는 자동차야. 손잡이를 돌려야 앞으로 나갈 수 있는데, 판용수철을 조이면 용수철에 저장된 에너지가 간단한 기어 세트에 의해 바퀴로 전송되어 회전하게 되지. 뒷부분의 작은 바퀴는 방향타에 의해 조정되도록 고안한 거란다."

어느새 우리는 이 방에 몰래 들어온 이유도 다 잊어버린 채 아저씨의 이야기에 푹 빠져들었다.

"용수철을 이용해 만든 주행 기록계 장치는 오늘날 자동차의 미터기에 응용되었고 바퀴가 돌아가면서 톱니가 포개지는 장치는 오늘날 타이어를 갈아 끼울 때 사용되고 있더구나. 지금에 와서 보니 사용 능력이 현저하게 떨어질 텐데도 용수철의 힘이 동력 장치를 통해 바퀴로 전달되는 원리가 다양한 곳에서 쓰이고 있으니 반가운 일이지."

아저씨는 그밖에도 작게 만든 미니어처 발명품들도 하나씩 꺼내서 설명해 주었다. 운하, 다리, 조립식 주택 같은 건축물뿐만 아니라 바다 밑으로 잠수하는 장치, 기계로 천을 짜는 방직기, 종이를 인쇄기에 넣어 주는 기계, 수력 자명종, 나사 제조기, 공기 냉각기, 커다란 확대경까지 있었다. 아저씨의 설명이 귀에 쏙쏙 들어왔다.

그밖에도 콘택트렌즈, 물 위를 걷는 구두, 구멍 도구, 물갈퀴가 달린 수영용 장갑, 수도관을 뚫는 도구, 세계 최초의 에어컨이라고 할 수 있는 공기 냉각기, 자동으로 닫히는 문, 기둥을 박을 구멍을 뚫는 연장, 자동으로 고기를 굽는 꼬챙이, 시와 분을 재는 시계, 얇은 강판을 만드는 물레방아, 흰 장막에 커다란 이미지를 보여 주는 화면 장치, 펜치, 현대식 멍키스패너, 자동으로 연주하는 악단, 스스로 닫히는 변기 뚜껑 등 사소한 물건들까지 합치면 수백 가지가 넘었다.

"아저씨, 저기 천장에 매달려 있는 기구들은 뭐예요?"

나는 아까부터 가장 궁금했던 것을 물어보았다.

"아, 저거? 헬리콥터랑 비슷하게 생겼지? 저 모형은 프로펠러를 달아서 만든 거야. 나뭇잎이 빙빙 돌며 땅으로 떨어지는 모습을 보고 프로펠러를 만들었단다."

"그럼, 저 옆에 있는 날개는요? 〈어벤져스〉에 나오는 '퀸젯의 날개'랑 진짜 비슷한 것 같아요."

내 말에 아저씨가 물었다.

"〈어벤져스〉라고?"

"오세한이 제일 좋아하는 영화인데요. 퀸젯은 거기에 나오는 전투기예요."

"그래? 이건 내가 박쥐의 날개 모양을 따서 만든 글라이더야. 자세히 보면 날개에는 사람 모형이 달려 있어. 저건 실제로 날 수 있어."

"우아, 진짜요?"

주영이의 눈이 휘둥그레졌다.

"내일 이 근처 습지 공원으로 나오면 보여 줄 수 있어."

"습지 공원에서요?"

"응, 거기는 글라이더를 날리기에 좋고 새가 아주 많거든."

새라는 말이 나오자 우리는 말문이 막혔다.

"호, 혹시 새를 잡으러 가시는 건 아니죠?"

"하하, 새를 잡는 게 아니라 관찰하러 간단다. 참! 전에 죽어 있는 새를 가져온 적은 몇 번 있어. 하지만 내 손으로 살아 있는 걸 잡은 적은 없단다. 어떤 때는 새장에 갇힌 새들을 사 와서 다시 하늘로 날려 주기도 하는 걸."

우리는 얼떨결에 아저씨와 약속을 하고 말았다.

그날 밤, 나는 주영이한테 문자를 보냈다.

나는 잠시 뜸을 들이다 '오케이'라고 써서 답장을 보냈다.

점점 아저씨에 대한 의심이 풀리는 것 같았다. 아저씨는 지난번 발명품 대회에서 상을 받은 내 글라이더도 내일 가져 오라고 했다. 글라이더를 만들어서 날리던 순간을 떠올리자 기분이 좋아졌다.

"그래. 내일 퀸젯의 날개와 글라이더를 같이 날려 보는 거야!"

나는 증거를 찾으려 했던 것은 까맣게 잊어버린 채 글라이더를 꺼내 매만지기 시작했다.

피자 가게 아저씨의 정체
• 건강한 몸과 마음에서 훌륭한 작품이 나온다 •

토요일에 나는 주영이와 습지 공원으로 갔다. 어디에선가 짭짤한 바다 냄새가 났다. 국제도시는 바다를 메워서 세운 도시라고 하더니 그 말이 맞는 것 같았다.

"이곳은 원래 새들이 많이 찾아와서 개발이 금지된 곳이래."

주영이가 입구에 있는 간판을 보면서 알은 척을 했다.

"나도 전에 아빠한테 들어서 알거든! 보호 구역으로 지정된 곳이어서 이렇게 공원으로 조성했다고 들었어."

공원 안으로 들어가자 운동 기구를 들고 열심히 운동하고 있는 레오나르도 다 빈치 아저씨의 모습이 보였다. 우리가 다가가 인사를 했는데도 아저씨는 계속 운동만 했다.

"아저씨! 운동을 참 좋아하시나 봐요."

주영이가 큰 소리로 말했다.

"왔구나, 너희들!"

아저씨는 그제야 우리를 바라보았다.

"그림을 그리고 요리를 하기 위해서는 팔에 힘이 있어야 하거든. 이렇게 근육 운동을 하지 않으면, 천장에 커다란 그림을 그리다 목 디스크에 걸린 친구처럼 되고 말 거야. **훌륭한 작품을 만들기 위해서는 몸과 마음이 건강해야 해.**"

"그분은 혹시 이탈리아의 화가인 미켈란젤로 아닌가요?"

내가 묻자 아저씨가 흠칫 놀랐다.

"너희들, 미켈란젤로를 알아?"

아저씨가 하도 진지하게 물어서 그만 웃음이 나와 버렸다.

운동을 마친 아저씨는 퀸젯의 날개를 들고 걷기 시작했다. 우리도 아저씨의 뒤를 졸졸 따라갔다. 주영이는 나한테 눈짓을 한 번 하고는 아저씨한테 물었다.

"아저씨는 새를 굉장히 좋아하시나 봐요?"

"응. 나는 아주 오래전부터 하늘을 날고 싶었지. 그래서 처음에는 잠자리를 가져와 연구를 했어. 명주잠자리는 네 개의 날개로 나는데 앞날개가 올라갈 때 뒷날개는 내려간단다. 그러다 잠자리의 각 날개에는 몸무게를 지탱하는 충분한 힘이 있어야 한다는 사실을 발견했어. 그 후에는 죽은 새를 가져다가 해부하기 시작했어. 그렇게 연구를 하면서 새의 날개는 사람의 팔보다 훨씬 강한 근육을 가지고 있다는 것을 알아냈지!"

레오나르도 다 빈치 아저씨는 죽은 비둘기에 대해 또 이야기를 꺼냈다. 그래서 나도 아저씨한테 사실대로 털어놓기로 마음먹었다.

"있잖아요, 아저씨. 지난번에 지하 창고에서 죽은 비둘기를 본 적이 있어요."

"많이 놀랐겠구나? 허허! 새들의 몸을 연구하면서 알게 된 것은 새들이 하늘을 날 때 쓰는 근육의 비중이 사람보다 많다는 사실이란다. 그래서 사람은 새처럼 나는 힘을 내기가 어려운 거지."

아저씨의 말을 들으며 나는 이런 확신이 들었다. 매 순간 수많은 아이디어를 떠올리고 발명을 하는 아저씨가 나쁜 사람일 리가 없다고 말이다.

"아저씨는 실험 정신이 정말 대단하신 것 같아요."

주영이가 엄지를 들어올리며 말했다.

"자연만큼 큰 스승은 어디에도 없단다. 너희도 한번 주변을 잘 보렴. 저기 보이는 연못에 돌을 던지면 떨어진 자리에 왜 동그랗게 물결무늬가 생기면서 퍼져 나가는지, 천둥이 치기 전에 왜 번개가 치는 건지. 작고 사소한 것이라도 좋으니까 자연을 관찰하면서 자꾸 질문을 해 보는 거야."

아저씨는 우리를 데리고 경사진 언덕 쪽으로 올라갔다. 한참을 걸어 도착한 곳에는 아무도 없고 새들만 끼룩끼룩 날아다녔다.

"대회 나가서 상을 받은 비행기가 이거니?"

아저씨가 내 손에 들린 글라이더를 보고 물었다.

"어떤 원리로 날 수 있는지 설명해 줄래?"

나는 사이언스 교실에서 글라이더를 만들었던 기억을 떠올리며 더듬더듬 설명을 했다.

"엔진이나 프로펠러 같은 추진 장치 없이 바람의 에너지나 중력 등을 이용해 날 수 있도록 만든 것을 글라이더라고 하거든요. 전 특히 날개 윗부분을 부풀려서 아래보다 길이를 더 길게 만들었어요."

"그래야 더 오랫동안 날 수 있으니까?"

"네. 맞아요."

"자, 하늘을 한번 보렴. 네 생각에 갇히지 말고 창공을 자유롭게 날아다니는 저 새를 보렴. 특히나 몸이 무거운 새들은 추진력

을 얻기 위해서 달음박질부터 하지? 이렇게 아주 사소한 관찰에서부터 모든 발명은 시작되는 거란다. 난 너만 할 때 새뿐만 아니라 다른 생물에도 관심이 많았어. 도마뱀, 귀뚜라미, 나비, 메뚜기, 박쥐 등 다양한 생물들을 몰래 가져와 연구한 적도 있었지."

그때 주영이가 불쑥 이 말을 꺼냈다.

"……시, 시체도 해부하신 적이 있잖아요."

"뭐?"

아저씨가 놀라서 주영이를 보았다. 순간, 나는 더 놀란 표정으로 주영이를 보았다.

"세한이가 봤대요. 아저씨 책상 위에 그려진 그림을요."

"아하! 그건 아주 오래전에 그린 그림이란다."

"네?"

"그 당시에도 시체를 해부하는 것은 교황청에서 싫어하는 일이었지. 하지만 그림의 완성도를 높이기 위해서는 어쩔 수 없는 선택이었어. 몸속 기관들은 무슨 일을 하는지, 뼈와 근육은 어떻게 생겼으며 그것들은 서로 어떤 모양으로 연결되어 움직이는지 알아야만 인체를 제대로 그릴 수 있다고 믿었거든."

아저씨의 말을 듣자 의문점들이 하나둘 풀리는 것만 같았다.

"그림을 그리기 위해서였다고요?"

주영이가 물었다.

"화가는 인체 구조를 정확히 알고 있어야 인물의 자세와 움직임을 정확하게 스케치할 수 있단다. 그림 속 인물들의 자연스러운 자세를 표현하기 위해서는 무섭고 힘든 일도 참아야 했지."

"아저씨는 별로 무서워하지 않았을 것 같은데요?"

"그럴 리가! 밤새 시체와 있으면 겁도 나고 속이 메스꺼워 고개를 돌린 적도 많았지. 그러면서 난 사람을 창조한 신에 대한 경외심을 갖게 되었단다. 어떻게 이토록 불필요한 것, 불완전한 것 하나 없이 사람의 몸을 만들었을까? 내가 아무리 모나리자를 살아 있는 것처럼 그렸다고 해도 신을 따라갈 수 없다는 사실을 깨달았지."

"아저씨가 모나리자를 그리셨다고요?"

주영이가 물었다. 그 순간, 정적이 흘렀다.

하늘을 날고 있는 새들만 울음소리를 낼 뿐이었다. 나는 잠깐 아저씨가 진짜 레오나르도 다 빈치가 아닐까 생각했다. 하지만 그것은 아무리 생각해도 말이 되지 않는 얘기였다.

아저씨가 가져온 퀸젯의 날개는 겉보기와 다르게 제대로 날지 못했다. 아저씨는 오랫동안 지하 창고에 있어서 그렇다고 변명했지만 내 글라이더와 비교해 봐도 성능이 많이 떨어졌다. 하지만 잠자리의 날개와 새를 관찰해서 저런 날개를 만들려고 시도한 것은 아주 놀라웠다.

나는 레오나르도 다 빈치 아저씨 앞에서 내 글라이더를 날렸다.

"와, 진짜 잘 날아가네!"

주영이 말에 절로 어깨가 으쓱해졌다.

"너희는 참 좋은 세상에 살고 있구나. 저 하늘 너머 우주로 갈 수 있는 시대를 살고 있으니 말이다."

아저씨가 파란 하늘을 여유롭게 날고 있는 글라이더를 보면서 말했다.

"부디 너희의 재능을 썩히지 말고 계속 공부하고 연구해 보렴. 쇳덩이를 사용하지 않으면 녹이 슬고, 물이 고여 있으면 썩는 것처럼 재능도 마찬가지란다."

마지막 방의 무시무시한 비밀

• 위대한 발명은 사람들에게 필요한 것이 무엇인지 연구하는 것에서 시작한다 •

그 다음 날부터 주영이와 나는 부지런히 피자 가게를 드나들었다. 일단 아저씨에 관한 오해가 모두 풀려서 마음이 홀가분했다. 하지만 발명품 계획서를 내는 날이 모레로 다가와 있었.

주영이랑 나는 그동안 궁금했던 것을 차례로 물어보았다.

"아저씨, 저쪽 복도 끝에 있는 방은 뭐예요?"

"팔각형 거울의 방을 본 게로구나. 난 거기에서 내 자화상을 그렸단다. 다양한 각도에서 내 모습을 볼 수 있어서 자화상을 그리기엔 더없이 좋은 방이지."

"그런데 왜 거울을 팔각형으로 만드신 거예요?"

"서양에서 8이란 숫자는 종교적 의미를 담고 있거든. 8은 창조주가 세상을 만든 날을 뜻하는 7에 하나를 더해 메시아를 상징하는 숫자란다. 그래서 기독교 세례당도 팔각형으로 설계했더랬지. 난 팔각형 거울을 이용해 완벽하게 정면의 4분의 3 각도로 내 모습을 관찰하여 그렸단다."

"저도 책에서 본 적이 있어요. 실제 레오나르도 다 빈치의 자화상도 정면을 보지 않고 비스듬히 아래쪽을 보고 있더라고요."

"세한이의 관찰력은 역시 남다르구나! 난 항상 새로운 시도를 하는 것을 좋아하지! 너도 시간이 될 때 네 모습을 그려 보렴. 아주 귀여운 그림이 나올 거다. 하하!"

아저씨가 왜 해부학을 연구했는지 알 것 같았다. 인물의 자세와 움직임을 자연스럽게 표현하기 위해서는 반드시 그 연구가 필요했을 것이다.

"내 코덱스가 어디 있더라?"

책상에 앉아 두리번거리는 아저씨를 보자 가슴이 뜨끔했다.

"아! 여기 있네."

아저씨는 코덱스를 꺼내 펜으로 무언가 열심히 적기 시작했다.

"전부터 궁금한 게 있었는데요. 아저씨는 왜 글씨를 거꾸로 쓰시는 거예요?"

주영이가 물었다.

"난 왼손잡이란다. 글자를 오른쪽에서 왼쪽으로 쓰면 잉크가 번지지 않아서 훨씬 더 편하거든. 하지만 또 다른 이유가 있어. 나쁜 사람들이 내 아이디어를 쉽게 훔치지 못하게 하려는 거야."

아저씨는 여전히 코덱스에 무언가를 쓰면서 대답했다.

"저, 아저씨! 뭘 적으시는 건지 여쭤 봐도 돼요?"

이번에는 내가 물었다.

"음……. 아까 산에 올라갔다가 내려오면서 바람에 대해 생각해 봤거든. 잊어버리기 전에 얼른 여기에 적어 두는 거란다. 별 내용은 아니고……, 가만 있어 보자. '산의 정상을 통과할 때 바람은 빠르고 밀도가 높으며 그 장소를 벗어난 뒤에는 좁은 수로에서 넓은 바다로 흘러가는 물과 비슷하게 느려지고 밀도가 낮아진다.'라고 적었군.”

“진짜 멋지다. 아저씨는 어떻게 자연을 보고 이런 법칙을 발견하시는 거예요? 저희는 머리를 맞대고 앉아 있어도 발명품 아이디어 하나 떠올리기 힘든데…….”

주영이가 한숨을 푹 쉬었다.

“과학자의 발명은 '그 시대의 사람들에게 필요한 것은 뭘까?' 하고 연구하는 것에서 시작한단다. 오늘날의 모습을 좀 보렴. 과학은 눈부시게 발전했지만 그와 반대로 환경은 형편없이 나빠지지 않았니? 이런 환경에서 사는 사람들에게 필요한 것은 무엇일까? 콜록콜록, 오늘도 초미세 먼지주의보가 내려서 숨을 제대로 쉬기 힘들구나. 아마 앞으로는 환경 파괴를 늦추는 기술에 많은 관심을 가지고 연구해야 할 거야.”

“아저씨! 아저씨 말씀을 듣다가 갑자기 떠올랐는데요. 이번 발명품은 환경에 관한 것으로 만들면 어떨까요?”

내 말에 주영이도 좋다고 맞장구를 쳤다.

아저씨는 먼저 환경 오염을 줄이기 위해 필요한 것부터 떠올려 보라고 했다. 우리는 아저씨가 해 주는 조언을 놓칠세라 열심히 메모했다. 아저씨의 말대로 두 눈을 똑똑히 뜨고 주변의 사물을 진지하게 관찰해 보려고 노력했다.

레오나르도 다 빈치 아저씨는 학원 선생님처럼 요목 조목 다 가르쳐 주지는 않았지만 가끔 중요한 말을 던져 주곤 했다.

"무언가 번뜩이는 영감을 얻기 위해서는 혼자 있는 것에도 익숙해져야 한단다. 모름지기 홀로 있는 순간에 온전히 자신이 되는 법!"

나는 아저씨의 말을 떠올리며 혼자 골똘히 생각에 잠겨 보기도 했다.

"책상 앞에만 있다고 아이디어가 떠오르는 것은 아니야!"

그러다가 운동장에 나가서 친구들과 어울려 축구도 했다. 주영이도 나름 열심이었다. 도서실에서 발명품에 관련된 책을 찾아서 읽고 인터넷으로도 정보를 부지런히 찾아보았다. 하지만 좀처럼 괜찮은 아이디어가 떠오르지 않았다.

"레오나르도 다 빈치 아저씨는 매 순간 번뜩이는 아이디어들이 쏟아진다는데 어째서 나는 이 모양 이 꼴인 걸까?"

주영이가 한숨을 쉬며 말했다.

"나도 마찬가지야."

"세한아, 일단 환경을 위해 필요한 물건이 뭐가 있을지 생각해 보자."

주영이가 말했다.

"음, 나는 환경과 상관이 없는 발명품이긴 한데……. 장난감 총을 만들어 볼까 해."

내 말에 주영이가 놀라서 되물었다.

"장난감 총이라고?"

"이따가 얘기해 줄게."

주영이와 말하다 보니 어느 새 피자 가게에 도착해 있었다.

"다비드! 이거 진짜 재미있다."

살라이 형은 우리가 와도 보지 않고 게임기만 두드리면서 말했다. 그 엄청난 코덱스를 넘겨주면서 고작 게임기를 빌려 달라고 하다니! 형은 게임에 푹 빠져 있었다.

"야! 이 게임, 진짜 웃긴다. 다 빈치 비행선에 탱크까지 나오는 거 있지. 우리 주인님이 예전에 만든 것과 똑같아."

살라이 형이 하고 있는 게임은 전쟁 게임이었다. 살라이 형이 신나게 버튼을 누르자 사방에 대포가 장착된 탱크들이 적진으로 돌진하며 점수를 올렸다.

"형, 장사 안 해요?"

"손님도 없는걸, 뭐. 손님 없을 때만 게임하는 거야. 이동 모드! 가속 스킬!"

살라이 형은 소리까지 지르며 게임기를 두드려 댔다. 그때 문득 궁금한 점이 떠올랐다.

"형, 궁금한 게 있는데요. 지하 창고 맨 끝의 방에는 뭐가 있어요? 항상 잠겨 있던데."

"거기? 너희는 몰라도 돼. 아무튼 주인님은 그 방에 들어가는 것을 제일 싫어하셔."

"뭐가 있는지 얘기해 주시면 안 돼요?"

우리가 끈질기게 물어도 살라이 형은 더 이상 대꾸하지 않고 게임기만 두드려 댔다. 나는 그런 형이 얄미웠다.

"형! 제 게임기니까 이제 돌려주세요."

"야! 갑자기 그러는 법이 어디 있냐? 내 덕분에 코덱스도 봤으면서……."

"다시 제자리에 갖다 놨어요. 그러지 말고 그 방에 뭐가 있는지 좀 가르쳐 주세요, 네?"

"나중에 주인님한테 직접 들어. 자, 여기 게임기!"

나는 살라이 형이 내민 게임기를 들고 지하 창고로 향했다.

"자식, 치사하다, 치사해!"

멀리서 살라이 형이 투덜대는 소리가 들렸다.

그림의 방에 들어가자마자 주영이가 레오나르도 다 빈치 아저씨한테 말했다.

"아저씨, 세한이는 발명품 주제를 총으로 하겠대요. 그래서 아무래도 저랑 따로 과제를 해야 할 것 같아요. 저는 다른 걸 만들고 싶거든요."

갑자기 아저씨의 표정이 굳어졌다. 총이 마음에 들지 않는 건가? 그래서 나는 아저씨한테 내 아이디어에 대해 구체적으로 설명하기로 했다.

"아직 확실히 정한 건 아니에요. 아저씨도 아시다시피 우리나라는 분단국가잖아요. 북한이 핵 실험을 한다고 우리를 협박하니까 우리나라도 강력한 무기를 만들어야 할 것 같아서요. 핵 실험을 하면 방사능으로 환경이 오염되니까 사전에 그것을 막으려면……."

내 말이 끝나지도 않았는데 아저씨가 자리에서 벌떡 일어났다.

"따라오너라."

아저씨는 우리를 데리고 붉은 카펫이 깔린 복도를 지나 끝까지 걸어갔다. 이유는 모르겠지만 아저씨는 무척 화가 나 있었다.

아저씨가 열쇠로 마지막 방의 문을 열었다. 문이 열리는 순간, 나는 입을 다물 수가 없었다. 보기에도 무시무시한 무기들이 가득했다. 여러 종류의 총과 폭탄과 수류탄, 거북처럼 생긴 공격용 마차, 낫처럼 날카로운 무기가 달린 전차, 벽을 기어오르기 위한

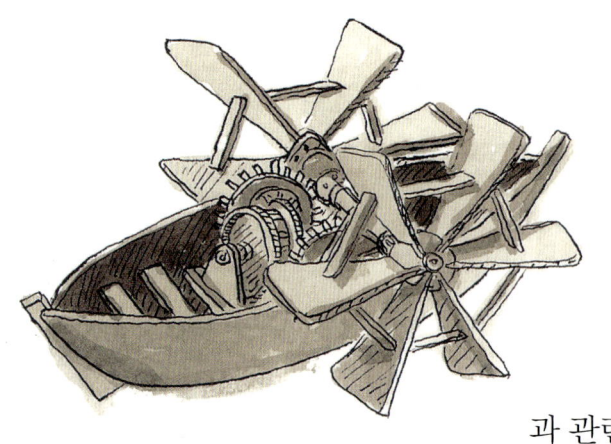

특수 사다리, 칼을 뺏을 수 있는 방패와 어마어마한 크기의 석궁까지!
아저씨는 곧 우리에게 전쟁과 관련된 무기를 하나하나 설명해 주었다. 모두 모형들이라 실제보다 크기가 작았지만 어떻게 쓰이는 물건인지 알고 나자 소름이 끼쳤다.

"이것도 배예요? 진짜 무시무시하게 생겼어요."
주영이가 물었다.
"난 전갈이 상대를 꼬리로 찍어 내리는 모습을 관찰하고 스콜피온 배를 설계했어. 적군의 배들을 찍어서 부술 수 있도록 거대한 낫을 장착했지."
"저 배가 전갈을 닮았다면 이 배는 물고기랑 비슷해요."
내가 다른 배를 가리키며 말했다.
"이건 외륜선이야. 배의 속도와 항해 능력을 높이기 위해서 물에서 가장 자유롭게 유영하는 물고기를 관찰해서 고안한 거지. 유선형이라 물에서 민첩하게 움직일 수 있고, 양쪽에 노가 달린 플라이휠을 장착해서 사람이 노를 저을 때보다 훨씬 더 빨리 갈 수 있단다."

"외륜선이오? 저도 사이언스 교실에서 배운 적이 있어요. 배의 밑 부분이 두 겹이라 대포알이 뚫지도 못하고 암초에 걸려도 가라앉지 않는다고요."

"그걸 '이중 선체 구조의 배'라고 하지."

주영이는 벽 가장자리에 설치되어 있는 사다리 쪽으로 갔다.

"아저씨, 이건 무슨 사다리예요?"

"습격 사다리라는 거다. 원하는 대로 올리거나 내릴 수가 있어서 성벽에서 사용하기 쉬워. 이 사다리의 특징은 조립과 분해가 가능해서 여기저기 옮길 때에 매우 편리하단다. 오늘날 소방차에 연결된 사다리와 비슷하다고 생각하면 돼."

아저씨는 그밖에 다른 무기들도 설명해 주었다. 장갑차와 기관총, 박격포, 유도 미사일과 잠수함뿐만 아니라 치명적인 파편을 만들어 내는 무기들에 대해서 말이다.

"아저씨는 자연을 관찰하고 그림을 그리는 분이 아니셨나요? 그런데 왜 이렇게 끔찍한 전쟁 도구들을 만드신 거예요?"

주영이가 묻자 아저씨는 깊은 한숨을 쉬었다.

"평생 그림만 그리고 내가 좋아하는 일만 하면서 살 수 있다면 얼마나 좋겠니? 내가 좋아하는 일을 하기 위해 후원자들이 필요했어. 옛 이탈리아의 권력자들은 자신들의 도시를 지키기 위해 끊임없이 전쟁 도구를 개발하고자 했고, 나는 어쩔 수 없이 군수품을 만들어야만 했지."

아저씨가 마지막으로 보여 준 것은 탱크처럼 생긴 모형이었다.

"이건 탱크인가요?"

"비슷하게 생겼지만 아니야. 내가 발명한 것은 '지붕 덮은 전차'란다."

지붕 덮은 전차는 파이 모양의 큰 쇠에 바퀴가 달린 전차로, 철판을 두른 몸체에 여덟 명의 사람들이 들어가 바퀴를 굴릴 수 있도록 만들었다고 한다. 전차에는 원뿔처럼 생긴 탑이 장착되어 있었는데, 탑 위에서 저격수들이 구멍에 대고 총을 쏠 수 있게 설계되었다.

"얼핏 보니까 거북선이랑 비슷하게 생겼어요."

"원래는 저 지붕이 내려오면서 대포를 발사하는 건데, 도면에는 다르게 그려 놓았지. 적에게 이 설계도가 넘어갈 때를 대비해서 말이야. 하지만……."

아저씨는 무기 방에 설치되어 있는 화면으로 영상 하나를 보여 주었다. 제1차 세계 대전 당시 전쟁에 쓰였던 탱크가 나왔다.

"현대에 와서 내가 만든 전차는 현대식 엔진과 무한궤도 장치를 달고 탱크로 개발되어 제1차 세계 대전 때 매우 중요한 무기로 썼다고 하더구나. 나는 그걸 보면서 깊은 회의감에 빠졌단다. 탱크는 아주 잔인하게 적군과 적지를 파괴했거든. 전쟁은 미친 짓이야."

아저씨는 한동안 말이 없었다.

나는 그런 아저씨를 보면서 총 대신 다른 것을 만들기로 결심했다. 아저씨가 싫어하는 것을 굳이 하고 싶지 않을 뿐더러 아저씨가 보여 준 전쟁 영상이 자꾸만 떠올랐기 때문이다.

피자 가게에서의 마지막 파티
• 실패해도 또 다시 도전하라 •

　나는 주영이와 함께 발명품 계획서를 제출했다. 발명품 이름은 '사이즈 맞춤 조절 마스크'인데, 얼굴이 조막만 한 아기부터 강호동 아저씨처럼 얼굴이 큰 어른까지 마스크의 끈을 조절해 쓸 수 있도록 만든 것이다.
　미세 먼지 주의보가 내렸던 날, 문득 호흡기를 보호할 수 있는 마스크를 만들면 어떨까 싶어서 주영이한테 내 의견을 이야기했다. 그러자 주영이는 무릎을 탁 치면서 말했다.
　"마스크가 답답하다고 안 쓰는 사람들이 많잖아. 끈으로 사이즈와 밀착도를 조절해서 쓸 수 있는 마스크를 만들면 어때?"

수업을 마치자마자 우리는 피자 가게로 달려갔다. 모처럼 아저씨가 가게에 있었다. 그래서 사이즈 맞춤 조절 마스크를 설명했고 아저씨는 좋은 생각이라고 칭찬해 주었다.

"아저씨, 그런데 저게 다 뭐예요?"

주영이가 문 쪽에 쌓여 있는 종이를 보면서 물었다.

"전단지들이야. 마침 잘됐다. 살라이와 함께 너희들이 사는 아

파트에 좀 붙여 주겠니?"

아저씨가 전단지를 보여 주며 말했다. '피자 가게 무료 영화 상영'이라는 제목 밑에 '피자를 무료도 드립니다. 피자를 먹으면서 이웃들과 영화를 보는 재미를 놓치지 마세요!'라는 글자가 쓰여 있었다.

"피자도 무료, 영화도 무료라고요?"

내가 눈을 동그랗게 뜨고 물었다.

"나는 항상 내 재능을 다른 사람들을 위해 쓰고 싶다는 생각을 했어. 작은 것이긴 하지만 이웃들과 무언가를 나누고 싶어서 계획한 일이란다."

그 길로 우리는 전단지를 들고 살라이 형을 따라 나갔다.

"우리 주인님은 날마다 이렇게 새로운 일을 벌인다니까!"

살라이 형은 투덜대면서도 가장 열심히 전단지를 붙였다. 우리도 옆에서 성심껏 도왔다.

"참, 너희 발명품은 잘 되어 가니?"

"계획서만 일단 냈어요. 그중에서 뽑힌 작품만 실제로 만드는 거예요."

"설마 지난번에 다비드가 말한 총은 아니겠지?"

"아니에요. 장난감이라고 해도 총은 만들고 싶지 않아요."

나는 발끈하며 말했다.

"뭐, 적을 기분 나쁘게 만드는 코딱지 총이나 가래침 총 같은 건 괜찮지 않아?"

살라이 형의 말에 주영이가 큭큭 웃었다.

"형은 정말 유치해요. 그 나이에 게임에 빠져서는……. 요즘에는 PC방도 다닌다면서요?"

우리는 서로 티격태격하면서도 전단지를 모두 돌렸다.

주말이 되자 아빠가 집으로 왔다. 우리 가족은 모처럼 모두 모여 피자 가게로 향했다. 그런데 문을 열자마자 소스라치게 놀라고 말았다. 입구 옆에 커다란 도마뱀이 떡하니 붙어 있었기 때문이다.

"엄마야!"

엄마는 살아 있는 도마뱀인 줄 알고 비명까지 질렀다. 연이어 들어오는 손님들도 모두 같은 반응이었다. 도마뱀은 빨간 혀를 날름대며 금방이라도 우리를 향해 달려들 것만 같았다.

"아저씨 작품이죠?"

나는 손님을 맞으며 짓궂게 웃고 있는 레오나르도 다 빈치 아저씨한테 가서 속삭였다.

"당연하지. 진짜 살아 있는 것처럼 보이려고 붓으로 솜씨 좀 부려 봤다. 가짜 눈이랑 커다란 뿔 그리고 털로 만든 턱수염도 붙였어. 도마뱀이 아니라 지옥에서 올라온 괴물 같지 않냐?"

도마뱀 말고 다른 동물 장난감들도 공중에 매달려 있었다. 모두 아저씨가 속이 텅텅 비어 있는 동물 모형을 만든 뒤에 풍선처럼 부풀려 놓은 것들이었다. 살라이 형이 또 다른 모형에 빵빵하게 바람을 불어넣고는 손에서 놓자 그것은 요란한 소리를 내며 미친 듯이 날아다녔다. 여기저기에서 웃음이 터졌고 아이들은 비명을 지르며 달아났다가도 다시 와서 모형을 흥미진진하게 들여다보았다.

이윽고 가게 안의 불이 전부 꺼졌다. 주방 반대편이 무대였는데, 아저씨는 스크린 뒤쪽에 조명을 설치해서 마치 별이 빛나는 하늘처럼 보이게 했다. 반짝이는 별들과 일곱 행성들이 점점이 박힌 하늘은 눈이 부셨다.

우리는 촛불이 은은하게 켜져 있는 테이블에 자리를 잡고 앉았다. 며칠 전부터 살라이 형과 함께 돌린 전단지 덕분인지 가게 안은 아파트 주민들로 발 디딜 틈이 없었다.

은은한 음악 소리가 들리며 커튼이 열리더니 레오나르도 다 빈치 아저씨가 등장했다.

"안녕하세요, 여러분! 아름다운 밤입니다. 그동안 저를 사랑해

주셔서 감사합니다. 그 마음을 돌려드리기 위해 오늘 이런 자리를 마련했습니다. 지금 이 시간에는 걱정, 근심을 내려놓으시고 즐거운 마음으로 피자도 드시고 영화도 관람하시길 바랍니다. 요즘이 참, 각박한 시대라서 그런지 진짜 공짜가 맞는지 물어보시는 분들이 있었는데요. 공짜……, 맞습니다."

그 순간, 모인 사람들이 열렬하게 박수를 쳤다.

"영화를 상영하기 전에 제가 잠깐 어설픈 묘기 하나를 보여 드리도록 하지요."

나는 맨 앞쪽에 앉아 아저씨를 유심히 관찰했다. 아저씨

　는 먼저 코덱스에 그려 놓은 것과 똑같이 생긴 기계를 켰다. 그것은 연극 무대의 조명 장치로 사용하기 위해 만든 '프로젝터'였다.
　기계의 상자 안에 있는 양초 주위에 거울이 둘러싸여 있고, 한쪽 유리 렌즈를 통해 빛이 강렬하면서도 효과적으로 확대되도록 설계되어 있었다. 오늘날 무대에서 쓰이는 스포트라이트와 비슷한 원리인 것 같았다.
　"저게 뭐지?"
　프로젝터가 등장하자 여기저기에서 웅성거리

는 소리가 들렸다. 하지만 레오나르도 다 빈치 아저씨가 선보인 마술은 조금 유치했다. 아저씨는 마술사처럼 벨벳 자켓을 입고서 주방으로 들어가더니 재료를 들고 나왔다. 두 개의 유리잔에 포도주를 따른 뒤, 뜨거운 기름을 뿌려서 불꽃을 일으켰다. 그러자 두 유리잔 사이에 걸쳐 놓은 막대기가 부러졌다. 하지만 유리잔은 조금도 깨지지 않았다.

내가 보기엔 어설펐지만 사람들은 박수를 치고 환호성까지 질러 댔다. 모두들 아저씨가 사람들을 위해 이벤트를 준비한 정성이 고마워서 그러는 것 같았다. 누군가를 위해 끊임없이 새로운 것을 발명하는 아저씨가 참 멋져 보이는 순간이었다.

영화를 보면서 난 엄마 아빠한테 사실대로 고백했다. 피자 가게의 레오나르도 다 빈치 아저씨는 진짜 레오나르도 다 빈치라고. 르네상스 시대를 이끌었던 화가이자 천재 과학자, 레오나르도 다 빈치가 분명하다고 말이다. 그러나 내 생각과 다르게 엄마 아빠는 놀라지 않았다. 엄마는 다른 아줌마들과 수다를 떠느라 정신이 없었고 아빠는 말없이 내 머리를 쓰다듬어 주었다.

영화 상영이 끝나고 어른들이 하나둘씩 일어났다. 모처럼 어른들이 만족스러운 표정을 짓고 있었다.

"우리 엄마는 공짜로 피자를 먹고 공짜 영화까지 봐서 너무 좋대."

 주영이가 내 옆으로 와서 말했다.

 나는 사람들이 행복해하는 이유가 단지 그 때문만은 아니라고 생각했다.

 아저씨의 말대로 발명도 예술도 다른 이들의 마음을 헤아리는 것에서 시작되는 것이 맞나 보다. 어른들이 모두 레오나르도 다빈치 아저씨한테 고맙다고 인사를 했다. 동네 사람들이 거의 다 돌아갔을 때 아빠가 아저씨와 악수를 하면서 인사를 나눴다.

 "우리 세한이가 진짜 사장님을 좋아하나 봅니다. 심지어 사장님이 진짜 레오나르도 다 빈치라고 믿고 있는 거 있죠? 하하하!"

 아빠는 작게 말한다고 한 건데 내 귀에까지 다 들렸다.

 레오나르도 다 빈치 아저씨는 아빠한테 나와 주영이와 잠깐 이야기를 나눠도 되느냐고 물었다. 부모님들은 모두 흔쾌히 승낙을 하고 돌아갔다.

 "아저씨, 아까 공연은 진짜 환상적이었어요. 무대 장치도 그렇고 특히 공중에 매달린 동물 장난감들이 끝내줬어요!"

 주영이가 말했다.

 그러자 아저씨는 테이블 위에 놓인 양초를 바라보며 말했다.

 "얘들아, 저게 뭐로 보이니?"

"양초잖아요."

주영이가 대답했다.

"저건 초가 아니라 시계란다."

"시계라고요?"

내가 놀라서 물었다.

"야간 시계야. 난 해가 지고 난 뒤의 시간을 알기 위해 나만의 야간 시계를 만들고 싶었어. 양초가 탈 때마다 받침대에 표시된 눈금을 보고 시간을 알 수 있도록 만들어져 있지. 밀랍과 심지의 종류와 크기, 양초가 타는 데 온도와 습도가 끼치는 영향까지 다 고려해서 만든 작품이란다."

"우아! 아저씨는 진짜 천재 과학자예요!"

주영이가 엄지를 치켜세웠다.

"그런데 말이다. 이제 저 양초가 꺼질 것만 같구나. 참, 너희들한테 잠깐 남으라고 했던 이유를 깜빡했네. 세한아, 지난번에 미스트로네 수프를 못 먹고 그냥 간 적이 있었지?"

아저씨는 곧장 일어나 부엌으로 갔다.

"오세한, 나만 그렇게 들리는 거니? 내 귀에는 레오나르도 다 빈치 아저씨가 어디로 떠나실 것처럼 들리는데……."

주영이가 고개를 갸웃거렸다. 나는 그런 일이 생기지 않기만을 바랐다.

이윽고 테이블 위에는 김이 모락모락 나는 수프가 놓였다.

"아저씨, 굳이 안 만들어 주셔도 되는데, 저 오늘 진짜 많이 먹었거든요."

내가 말했다. 사실은 그때 수프를 먹지 못했던 건 아저씨를 오해했기 때문이라고, 여전히 그게 죄송하다고 말하고 싶었다.

"그래도 지금 이 수프를 먹어 두는 게 좋을 걸? 왜냐하면 세상 어디에도 없는 수프이니까."

아저씨가 아름다운 문양이 그려진 접시에 수프를 가득 떠서 주었다.

"감사합니다. 잘 먹을게요."

나는 숟가락으로 수프를 떠서 입에 넣었다. 따뜻한 미네스트로네 수프는 그 어떤 고기 수프보다 훨씬 더 고소하고 맛있었다.

"와, 진짜 맛있어요. 어떻게 이런 맛이 나지?"

주영이가 감탄했다.

"그나저나 발명품 계획서는 어떻게 되었니?"

"저희가 낸 사이즈 맞춤 조절 마스크는 벌써 시중에 나와 있는 제품이더라고요. 미리 확인도 안 해 보고 우리가 먼저 생각한 것인 줄만 알았어요."

주영이가 한숨을 푹 쉬자 어느새 살라이 형이 와서 끼어들었다.

"그럼 그렇지. 혹시 인터넷 보고 베낀 거 아니야?"

"왜 우리를 의심하고 그러세요? 그럴 마음이었으면 아저씨의 발명품을 베꼈겠죠!"

주영이가 발끈해서 소리쳤다.

"괜찮아. 처음에는 누구나 그래. 아주 사소하고 작은 발상에서 위대한 발명이 시작되는 거야. 나 역시 바람과 공기를 느끼며 하늘을 나는 원리를 고민했고 물의 원리에서 선박과 잠수함을, 인체 해부를 통해 사람의 움직임과 나아가 로봇까지 연구하게 됐거든. 무엇보다 중요한 것은 생각을 멈추지 않는 거란다."

레오나르도 다 빈치 아저씨가 우리를 위로했다.

"저, 아저씨! 고백할 게 있는데요. 저 처음에 해부 방을 보고 아저씨가 나쁜 사람인 줄 알았어요. 그때 오해해서 정말 죄송해요."

갑작스러운 내 고백에 아저씨가 눈을 몇 번 깜빡이더니 이내 큰 소리로 웃었다.

"하하, 그럴 만도 하지! 나도 네 나이였다면 그 광경을 보고 무척 놀랐을 거야."

"저도 죄송해요. 세한이 말만 듣고 아저씨가 연쇄 살인범인 줄 알았어요."

주영이까지 사과를 하자 살라이 형이 말했다.

"뭐, 천재 과학자이자 예술가이신 우리 주인님한테 연쇄 살인범? 이런 애들을 가르쳐서 뭘 하겠다고! 주인님, 어서 가시죠. 이곳에 있는 동안 또 한 권의 코덱스를 완성하셨잖아요."

그러자 아저씨가 살라이 형을 향해 눈을 찌푸렸다.

"얘들아, 나는 언제나 기적을 일으키는 사람이 되고 싶었다. 너희도 그런 간절한 바람을 가지고 있으면 언젠가 기적을 만드는 사람이 될 거야. 혹시 또 아니? 너희 중에서 대한민국 최초로 노벨상을 받는 과학자가 나올지도……."

"아저씨! 그게 제 꿈이에요."

나는 힘차게 대답했다.

레오나르도 다 빈치 아저씨는 쪽지에 펜으로 무언가를 적어 건네주었다.

"꿈을 이루기 위해 가장 중요한 건 바로 이거다."

우리는 그 말을 듣는 순간, 엄청나게 큰 기대를 했다. 모나리자

미소의 비밀이나 아저씨가 감춰 둔 발명품에 대한 기대감에 한껏 부풀어 쪽지를 펴 봤다.

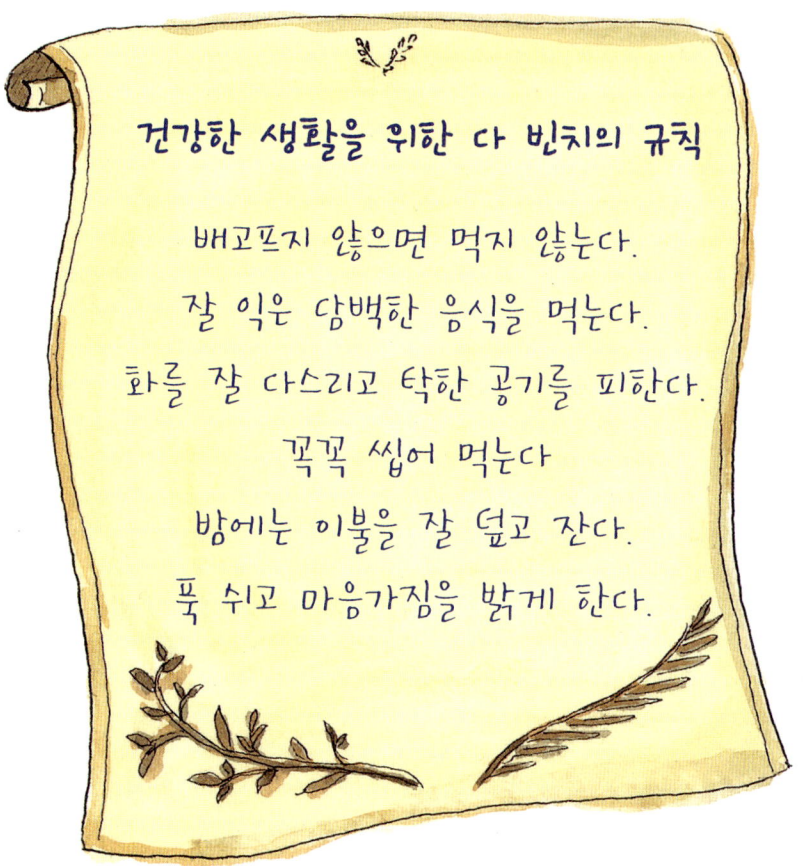

건강한 생활을 위한 다 빈치의 규칙

배고프지 않으면 먹지 않는다.
잘 익은 담백한 음식을 먹는다.
화를 잘 다스리고 탁한 공기를 피한다.
꼭꼭 씹어 먹는다
밤에는 이불을 잘 덮고 잔다.
푹 쉬고 마음가짐을 밝게 한다.

에이, 실망이었다. 주영이도 무척 기대를 했었는지 나와 똑같은 표정을 짓고 있었다. 그러자 아저씨가 웃으면서 수프를 마저 먹으라고 손짓을 했다.

우리 엄마 아빠는 아저씨가 진짜 레오나르도 다 빈치라는 사실을 끝내 믿지 않았다. 그리고 파티가 끝난 다음 날, 아저씨는 살라이 형과 함께 흔적도 없이 사라져 버렸다.

아저씨가 갑자기 가게 문을 닫고 사라진 사실은 동네 사람들에게도 충격적인 일이었다. 주영이와 나는 매일 가게에 가 보았지만 '폐업'이라고 써 붙인 종이만 바람에 펄럭일 뿐이었다. 피자 가게 지하에 있던 비밀 창고도 감쪽같이 사라져 버렸다. 뒤쪽으로 들어가는 문이 있을까 싶어 건물을 샅샅이 뒤져 보았지만 입구를 발견할 수 없었다.

주영이는 잠시 꿈을 꾼 기분이라고 했다.

아저씨가 떠난 뒤에도 내 생활은 달라진 게 없었다. 학원, 또 학원……. 하지만 아저씨의 수많은 발명품들과 맛있는 음식 그리고 아저씨가 했던 말들은 내 머릿속에 계속 남아 있었다. 아, 하나 달라진 게 있다면 과학 공부를 마음껏 할 수 있게 되었다는 점이다. 주영이와 함께 학교에서 운영하는 과학 동아리에 들었는데 부모님도 열심히 해 보라고 응원해 주셨다.

"저건 아주 오래전에 내가 꿈꾸고 예언했던 건데……. 세한이 너는 참 좋은 세상에 살고 있구나! **그러니 앞으로 계속 도**

전해 보렴. 그 수많은 도전과 실패를 통해 미지의 세계가 밝아질 테니까."

언젠가 비행기를 보면서 아저씨가 했던 말이 떠올랐다. 나는 내가 발을 딛고 서 있는 곳의 풍경을 한번 돌아보았다. 국제도시의 높은 건물들 사이로 독특한 디자인의 빌딩이 눈에 띄었다. 바로 레오나르도 다 빈치 아저씨가 아름다운 도시 설계를 위한 자문 위원으로 일할 때 지었던 그 건물이었다. 우주선처럼 특이한 디자인으로 설계된 건물을 보자 문득 아저씨가 저 건물을 통해 다른 세상으로 간 것은 아닐까 하는 생각이 들었다.

'그래, 아저씨 말대로 열심히 노력하면 나도 언젠가 꿈을 이룰 수 있을 거야. 환경 재앙으로부터 지구를 지키는 미래의 과학자, 오세한 파이팅!

나는 숨을 크게 몰아쉰 뒤, 빌딩 사이로 난 길을 달리기 시작했다.

과학과 예술을 넘나든 거장
레오나르도 다 빈치는 어떤 사람일까?

물리학 박사 송은영

1. 레오나르도 다 빈치의 생애

레오나르도 다 빈치의 어린 시절

레오나르도 다 빈치(Leonardo da Vinci, 1452~1519)는 1452년 이탈리아의 빈치 마을에서 태어났어요. 레오나르도 다 빈치라는 이름은 빈치 마을에서 태어난 레오나르도라는 뜻이에요.

레오나르도 다 빈치의 아버지는 세르 피에로 다 빈치로, 법률에 관한 사건이나 기록을 증명해 주는 공증인이었어요. 공증인은 다 빈치 집안 대대로 내려온 직업이었지요. 그는 세르 피에로 다 빈치가 정식으로 결혼하지 않은 여인과의 사이에서 낳은 서자로, 어머니는 미인이었으나 가난한 농부의 딸이었어요. 레오나르도 다 빈치의 아버지는 이탈리아의 중심 도시인 피렌체에서 일했고, 레오나르도 다 빈치는 고향집에서 할아버지와 할머니의 품에서 귀여움을 독차지하며 자랐어요.

아버지의 동생인 프란체스코 삼촌과도 친하게 지냈지요. 삼촌은 레오나르도 다 빈치의 아버지하고는 성품이 달라서 성공에 대한 욕망으로 가득 찬 사람이 아니라 자연의 평화로운 삶을 좋아했지요.

프란체스코 삼촌은 농장에서 땀을 흘려 일하면서 땅을 일구고 올리브를 심고 가꾸었으며 동물을 키웠어요. 레오나르도 다 빈치는 삼촌과 많은 시간을 함께 보냈고 남는 시간에는 홀로 농장과 들판과 언덕을 두루 돌아다니곤 했어요. 그와 삼촌의 유대 관계는 상당히 깊어서 거의 부모 자식 사이나 마찬가지였어요. 1506년 프란체스코 삼촌은 죽으면서 그에게 크지는 않지만 전 재산을 모두 남겨 주었지요.

레오나르도 다 빈치는 서자여서 초등 교육조차 정식으로 받지 못했어요. 그래서 미술, 수학, 과학, 기술 등 거의 모든 학문을 독학으로 하다시피 배웠지요. 그런데 그 놀랍고 많은 예술 작품과 발명품들을 만들었으니, 그가 얼마나 위대한 인물인지 삼척동자도 미루어 알 수 있을 거예요.

 철저한 비밀주의자이며 왼손잡이

자라면서 레오나르도 다 빈치는 철저한 비밀주의자가 되었어요. 이런 성격을 갖게 된 데에는 자라 온 환경이 적지 않은 작용을 했지요. 어린 시절의 정서는 한 사람의 일생을 크게 좌우하게 마련이거든요. 세계적인 대천재라고 일컫는 그도 그런 부분에서는 예외가 아니었던 거예요. 엄마와 떨어져 자란 레오나르도 다 빈치는 늘 엄마의 따스한 정과 사랑을 그리워했어요. 어린 시절에 받지 못한 엄마의 사랑에 대한 목마름은 마음속 깊숙이 뿌리내린 채 일생 동안 그의 가슴 한복판에 남아 있었어요.

레오나르도 다 빈치는 살면서 수많은 사람을 만났지만 믿음을 두고 진실하게 만난 사람은 무척 드물었어요. 부모님의 사랑을 받고 자라지 못한 탓에 커서도 사람을 따뜻하게 사랑하지 못했기 때문이에요.

레오나르도 다 빈치는 왼손잡이였어요. 요즘에는 왼손잡이에 대한

편견이 거의 없지만 예전에는 그렇지 않았어요. 그 당시에는 왼손잡이를 매우 불길한 존재로 여겼어요. 하지만 그는 자신이 왼손잡이란 걸 십분 이용했어요.

  레오나르도 다 빈치는 좋은 생각이 나면 무엇이든 기록하는 습관이 있었어요. 그의 공책은 정성들여 쓴 깨알 같은 글씨로 빼곡했어요. 그런데 좀 이상한 것은 공책에 써 놓은 글자를 다른 사람이 읽기가 쉽지 않았다는 점이에요. 그는 왼손잡이의 특징을 이용해 글씨를 오른손잡이와 반대로 써 나갔어요. 왼쪽에서 오른쪽으로 글씨를 쓴 게 아니라, 오른쪽에서 왼쪽으로 써 나갔지요. 예를 들어, '나는 레오나르도를 사랑해.'라는 문장을 쓴다면 '해랑사 를 도르나오레 는나.'처럼 썼어요.

  훗날 역사학자들은 레오나르도 다 빈치의 공책을 발견하고도 그 속에 담긴 내용을 어찌 해석해야 할지 몰라 의견이 분분했어요. 거꾸로 쓰인 글자를 보고 당황했던 것이지요. 레오나르도 다 빈치의 비밀주의가 그의 바람대로 어느 정도 성공을 거둔 셈이었지요.

 **뛰어난 예술가**

레오나르도 다 빈치는 정규 교육을 받지 못했어요. 어른들에게 간단한 수 계산이나 글씨 쓰는 것 정도만 배웠을 뿐이에요. 그렇다고 해서 더하기 빼기 정도의 지식만 습득한 것은 아니었어요. 그는 놀랄 정도로 창조성이 뛰어난 사람이었어요. '하나를 배우면 열을 안다.'라는 말이 있잖아요. 이건 바로 레오나르도 다 빈치를 두고 한 말이었어요. 그는 천재적인 두뇌로 고급 수학 지식을 스스로 습득했고, 어려운 수학 문제를 내서 어른들을 진땀 흘리게 하곤 했지요.

레오나르도 다 빈치의 천재성을 이야기할 때에는 그림을 빼놓을 수 없어요. 그는 어릴 적부터 타의 추종을 불허할 만큼 예술적 감각이 탁월했어요. 심심할 때마다 그림을 그리곤 했는데, 하루는 아버지가 그림을 보고는 피렌체에서 가장 유명하고 훌륭한 예술가인 안드레아 델 베로키오에게 가져갔어요. 레오나르도 다 빈치의 그림을 본 베로키오는 한순간에 그의 천재성을 알아보고, 레오나르도 다 빈치를 제자로 받아들였어요. 이때가 1466년 즈음이었어요.

베로키오의 제자가 된 이후 그의 삶은 탄탄대로나 마찬가지였어요. 그의 위대한 예술성을 인정한 고관대작들이 그에게 그림과 조각을 의뢰하기 시작했거든요.

산 도나토 수도원에 프레스코 벽화로 그린 〈동방 박사의 경배〉, 밀라노의 루드비코 스포르차 공작의 사랑하는 여인을 그린 〈담비를 안고 있는 여인〉, 밀라노의 산타마리아 델레 그라치에 성당에 그린 〈최후의 만찬〉, 피렌체의 은행가인 프란체스코 델 지오콘도의 아내를 그린 〈모나리자〉 등 레오나르도 다 빈치는 자신의 풍부한 예술적 역량을 유감없이 발휘했지요.

 빛에 관심을 가진 위대한 과학자

레오나르도 다 빈치에게 그림은 중요하고 중요했지요. 그래서 그는 빛에 큰 관심을 가졌어요. 훌륭한 그림을 그리려면 빛을 깊이 알 필요가 있기 때문이에요. 그래서 레오나르도 다 빈치는 빛을 볼 수 있는 눈을 극찬하기도 했지요.

"눈은 자연에 담긴 경이로운 작품을 이해하게 해 주는 영혼의 창이다."

레오나르도 다 빈치는 빛을 과학적으로 연구하면서 빛의 속도가 빠르지만 무한히 빠르다고는 보지 않았어요. 그는 그 이유를 이렇게 비유했지요.

"달이 떠 있군요. 달은 지구를 벗어나 있습니다. 상당히 멀리 떨어져 있습니다. 눈을 감았다가 떠 보세요. 달이 훤하게 보입니다. 달이 즉각 보이기는 하지만, 보이기까지 시간 차이가 없는 것은 아닙니다. 보름달이 눈에 다시 들어오기까지는 짧은 순간이지만, 어찌 됐든 시간이 걸리니까요."

레오나르도 다 빈치가 내린 이러한 결론을 무엇을 뜻하는 것일까요? 그렇습니다. 광속은 무한하지 않다, 즉 광속은 유한하다는 것입니다. 광속은 초속 30만 킬로미터의 유한한 속도를 가져요. 그의 예측이

맞았던 거예요.

레오나르도 다 빈치는 위대한 예술가일 뿐만 아니라, 르네상스를 대표하는 최고의 과학자였어요. 그가 이룬 과학적 업적은 한두 가지가 아니에요. 그는 과학, 건축, 토목, 병기 등에 능통한 과학자였으며, 걸출한 기술자였고 뛰어난 발명가였답니다. 2만여 쪽에 달하는 방대한 공책에 그의 아이디어가 남아서 오늘날까지 전해지고 있는데 이것을 '코덱스'라고 해요.

레오나르도 다 빈치의 말년

레오나르도 다 빈치는 한 곳에서만 머물러 지내지 않았어요. 피렌체를 떠나 밀라노로 갔고, 밀라노에서 얼마간 머물다가 베네치아로 거처를 옮겼어요. 그리고 피렌체와 밀라노를 다시 오가다 1513년에는 로마에 있었어요.

로마 교황 레오 10세는 레오나르도 다 빈치를 든든하게 후원해 주었어요 그런데 프랑스가 이탈리아를 공격하자, 교황이 레오나르도 다 빈치를 친히 불러 간곡히 부탁했어요.

"그대가 프랑스 왕을 만나 보시오."

교황이 레오나르도 다 빈치에게 프랑수와 1세를 만나 보라고 한 것은 프랑수와 1세를 잘 구슬려서 전쟁의 피해를 최소화하려는 뜻이었어요.

레오나르도 다 빈치는 어떻게 해야 좋은 결과를 이끌어 낼 수 있을지 고민했어요.

"그래, 환영회를 여는 거야!"

그는 금으로 사자 모양의 인형을 만들고, 그 안에 수백 송이의 하얀 백합을 넣었어요. 그는 프랑수와 1세를 만나는 자리에서 사자 모양의 인형을 선물했어요. 프랑수와 1세가 인형을 받아든 순간 뚜껑이 활짝 열리면서 하얀 백합이 떨어졌어요. 프랑수와 1세는 감격하고 말았어요. 하얀 백합은 프랑스의 왕관을 뜻했거든요.

프랑수와 1세는 레오나르도 다 빈치의 명성을 익히 들어 알고 있었어요. 그래서 그가 어떤 사람일까 늘 궁금해 했었는데, 레오나르도 다 빈치가 뜻 깊은 환영회를 마련해 주자 호감이 더욱 커질 수밖에 없었어요. 레오나르도 다 빈치도 프랑수와 1세에게 호감을 느꼈어요.

"나도 당신처럼 예술과 과학을 사랑하는 사람이오."

프랑수와 1세가 레오나르도 다 빈치에게 다정하게 말했어요.

"감사하옵니다."

그가 경의를 표했어요.

"나와 함께 프랑스로 가지 않겠소? 내가 많은 돈도 하사하고, 좋은 집도 지어 주겠소. 그대는 내 곁에서 하고 싶은 연구를 마음껏 하고, 그리고 싶은 그림을 마음대로 그리도록 하시오."

"성은이 망극하옵니다."

"제안을 받아들이는 걸로 알겠소."

이렇게 해서 레오나르도 다 빈치는 프랑수와 1세를 따라 프랑스의 앙브와즈로 떠나게 되었어요.

프랑수와 1세는 레오나르도 다 빈치가 이야기해 주는 걸 좋아했고, 그로부터 새로운 지식을 배우는 것을 즐겼어요. 왕이 사는 성과 레오나르도 다 빈치가 사는 집을 땅굴로 연결해 놓고 수시로 찾았을 정도니까요.

그렇게 별 걱정 없이 하루하루를 보내던 어느 날이었어요. 레오나르도 다빈치가 유서를 썼어요.

이탈리아에 남겨 놓은 나의 재산을 피렌체에 사는
형제들에게 나누어 준다. 재산에는 프란체스코 삼촌이
나에게 남겨 준 유산도 포함한다.

이것이 1519년 4월 23일의 일이었어요.

레오나르도 다 빈치는 하인과 조수에게도 유산을 남겨 주었어요 그로부터 10여일 후인 5월 2일, 세기의 왼손잡이 천재인 레오나르도 다 빈치가 세상을 떠났어요.
　레오나르도 다 빈치는 앙부와즈 옆에 있는 성당에 고이 묻혔어요.

2. 레오나르도 다 빈치의 삶에서 배울 점

레오나르도 다 빈치는 자전거, 기관총, 펌프, 렌즈 연마기, 헬리콥터, 하늘을 나는 배, 전차, 대포, 투석기 등을 고안했고, 해부학에도 크나큰 업적을 남겼어요. 인체를 과학적으로 들여다보고 해석한 최초의 해부학자라고 보아도 무방하지요. 수십 여구의 시체를 직접 해부해 보기도 했어요. 이외에도 레오나르도 다 빈치는 직물 공장, 철공소, 대포 제작소, 동력 전달을 위한 기계, 기어(Gear)와 비탈면 등을 연구했어요.

레오나르도 다 빈치는 미술은 물론이고 물리학, 광학, 역학, 해부학, 수학, 지리학, 지진학, 천문학, 기상학, 기계학, 건축학, 토목학, 수리학, 병기학, 화석학, 식물학 등에 능통한 만능 천재였어요. 한마디로 레오나르도 다 빈치의 무궁무진한 아이디어가 미치지 않은 분야가 거의 없을 정도였어요.

레오나르도 다 빈치는 이렇게 말했어요.

"그림은 과학입니다. 화가는 한 가지 현상만 관찰해서는 안 됩니다. 모든 현상을 고루고루 생각해서 표현해야 합니다."

이러한 탐구 정신과 집념 그리고 자연을 바라보는 태도가 레오나르도 다 빈치를 르네상스 시대 최고의 만능 천재로 만든 것이에요.

그래요. 레오나르도 다 빈치는 자연 현상을 하나하나 꼼꼼히 들여다보고 생각하고, 그것을 실천에 옮겼어요. 레오나르도 다 빈치의 이러한 점은 창의적인 생각과 행동을 요구하는 21세기의 사회에서 더없이 중요하지요. 우리도 레오나르도 다 빈치의 이러한 점을 본받아 큰 인물이 되도록 노력해 보아요.

과학의 기초를 잡아주는
처음 과학동화 **독후활동지**
레오나르도 다 빈치 아저씨네 피자 가게

구성 강승임 이을교육연구소 소장

과학의 기초를 잡아주는 처음 과학동화 **독후활동지**,
과학 학습에 어떤 도움이 될까?

〈처음 과학동화〉 시리즈는 과학 분야를 대표하는 위인들이 등장하여 그들이 연구한 과학적 지식을 재미있게 풀어 나가는 형식으로 꾸며져 있습니다. 동화를 재미있게 읽고 나서 독후활동지를 한 문제 한 문제 풀어가다 보면 과학 위인들의 대표 이론을 다시 한 번 되새기고 과학적 탐구심을 충족시킬 수 있을 것입니다. 또한 비판적인 글쓰기를 통해 자신의 생각을 올바르게 표현하는 방법도 익힐 수 있습니다.

〈과학의 기초를 잡아주는 처음 과학동화 독후활동지〉는
이렇게 구성돼요.

I. 과학 기초 지식 쌓기 동화 내용의 이해

동화 각 장의 소제목이기도 한 레오나르도 다 빈치의 교훈을 점검해 보고, 동화 속에서 그 내용이 어떻게 적용되었는지 적어 보면서 과학 기초 지식을 쌓습니다.

II. 과학 창의력 기르기 이해와 비판

동화를 통해 익힌 과학적 지식을 친구들과 토론해 보고 글로 써 보며 생각을 넓히고, 동화 속에서 느낀 점을 자신의 경험과 맞물려 표현하는 능력을 키웁니다.

III. 과학자 연구 – 레오나르도 다 빈치

부록의 내용을 바탕으로 레오나르도 다 빈치의 삶을 이해하고, 레오나르도 다 빈치의 삶에서 오는 교훈이 현대 사회에 어떤 도움이 되는지 적어 보며 논리적 사고를 키웁니다.

학부모 및 교사용 도움말

교과연계	
〈4학년 1학기 국어❹〉 9. 생각을 나누어요	서로 다른 의견을 비교하며 자신의 생각과 느낌을 이야기할 수 있다.
〈5학년 1학기 국어㉮〉 1. 인물의 말과 행동	생각의 근거를 마련하는 방법을 익혀 찬성하거나 반대하는 글을 쓸 수 있다.
〈5학년 2학기 과학〉 4. 우리 몸의 구조와 기능	알고 있는 과학 지식을 바탕으로 글을 쓸 수 있다.
〈6학년 1학기 수학〉 4. 비와 비율	알고 있는 수학 지식을 바탕으로 글을 쓸 수 있다.

Ⅰ. 과학 기초 지식 쌓기 동화 내용의 이해

○ 교과연계 ○
〈5학년 2학기 과학〉
4. 우리 몸의 구조와 기능

《레오나르도 다 빈치 아저씨네 피자 가게》본문에는 각 장마다 어린이 여러분께 전하고자 하는 레오나르도 다 빈치의 교훈을 소제목으로도 적어 두었어요. 동화 내용을 다시 한 번 떠올려 보며 아래 질문들에 답해 보세요. 적는 동안 자연스럽게 어린이 여러분 마음속에도 과학 지식이 차곡차곡 쌓일 거예요.

1. 레오나르도 다 빈치가 그린 '모나리자'의 신비로운 분위기는 어떤 기법으로 연출된 건가요?

_____
_____
_____
_____
_____
_____

2. 살라이가 보여 준 레오나르도 다 빈치 아저씨의 비밀 공책 코덱스에는 어떤 인체 그림들이 그려져 있었나요?

_____
_____
_____
_____
_____
_____

○ 교과연계 ○
〈5학년 2학기 과학〉
4. 우리 몸의 구조와 기능

3. 레오나르도 다 빈치 아저씨는 도시를 설계하거나 건물을 지을 때 어떤 점들을 신중히 고려해야 한다고 말했나요?

_____
_____
_____
_____
_____
_____
_____

4. 비트루비우스의 인체 비례도는 어떤 그림인가요?

_____
_____
_____
_____
_____
_____
_____

교과연계
〈5학년 2학기 과학〉
4. 우리 몸의 구조와 기능

5. 르네상스 시대에 그림을 사실적으로 그리기 위해 어떤 방법들이 개발되었나요? 두 가지 대표적인 방법을 적어 보세요.

_____
_____
_____
_____
_____
_____
_____

6. 세한이는 왜 레오나르도 다 빈치 아저씨의 코덱스를 가져갔나요?

_____
_____
_____
_____
_____
_____
_____

○ 교과연계 ○
〈5학년 2학기 과학〉
4. 우리 몸의 구조와 기능

7. 레오나르도 다 빈치 아저씨의 지하 방에서 세한이와 주영이가 본 발명품들 중 인상적인 발명품을 이야기해 보세요.

_____
_____
_____
_____
_____
_____
_____
_____

8. 레오나르도 다 빈치 아저씨는 날고 싶은 꿈을 실현하기 위해 어떤 연구를 했나요?

_____
_____
_____
_____
_____
_____
_____
_____

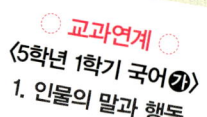

9. 레오나르도 다 빈치 아저씨는 과학자의 발명은 어떤 고민에서부터 출발한다고 했나요?

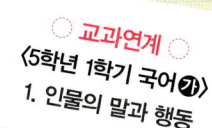

10. 레오나르도 다 빈치 아저씨가 동네 사람들을 위해 무료 영화 상영회를 연 까닭은 무엇인가요?

II. 과학 창의력 기르기 이해와 비판

> 교과연계
> 〈6학년 1학기 수학〉
> 4. 비와 비율

앞에서 살펴본 동화 내용을 바탕으로 사고를 확장시켜 볼 거예요. 아래 문제들을 친구들과 함께 토론해 보세요. 나와는 다른 다양한 입장과 해결 방안이 있다는 걸 깨닫게 될 거예요. 또한 동화를 읽고 느낀 점을 자신의 경험과 연결하여 글로 써 보세요. 나를 더 잘 표현할 수 있는 좋은 연습이 될 거예요.

【과학 창의 토론】

1. 레오나르도 다 빈치 아저씨는 그림을 그릴 때 아주 정확한 수학적인 계산과 법칙이 필요하다고 했습니다. 이에 대해 어떻게 생각하는지 토론해 보세요.

_____
_____
_____
_____
_____
_____
_____
_____
_____
_____
_____
_____
_____
_____
_____

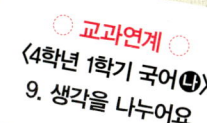

2. 레오나르도 다 빈치 아저씨는 후원자들의 요구로 전쟁 무기를 발명했다고 하지요. 전쟁 무기 발명에 대한 생각을 토론해 보세요.

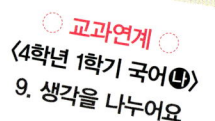

【과학 창의 논술】

1. 여러분은 어떤 도시에서 살고 싶나요? 혹은 지금 살고 있는 도시를 어떻게 바꾸고 싶나요? 새롭고 아름다운 도시를 만들기 위한 아이디어를 세 가지 이상 떠올려 보세요.

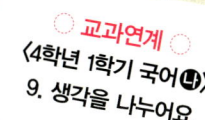

2. 레오나르도 다 빈치 아저씨는 작고 사소한 것이라도 자주 관찰하며 질문을 해 보라고 말했습니다. 평소 궁금했던 것이나 밝히고 싶은 것이 있다면 질문 형식으로 세 가지 정도 적어 보세요.

III. 과학자 연구 – 레오나르도 다 빈치

> 교과연계
> 〈4학년 1학기 국어❹〉
> 9. 생각을 나누어요

동화를 읽고 '레오나르도 다 빈치 아저씨는 어떤 분일까' 하는 궁금증이 생겼나요? 이제 부록에 소개된 레오나르도 다 빈치 아저씨의 삶과 사상을 복습해 볼 거예요. 부록을 꼼꼼히 읽고 문제를 풀어 보세요.

1. 레오나르도 다 빈치는 왜 사람들과 친밀한 관계를 잘 맺지 못했나요? 어린 시절 가정환경과 관련지어 생각해 보세요.

_____
_____
_____
_____
_____
_____

2. 레오나르도 다 빈치의 필기 방법이 특이한 점은 무엇인가요?

_____
_____
_____
_____
_____
_____
_____
_____

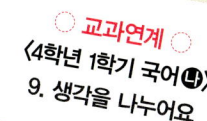

3. 레오나르도 다 빈치는 어떤 분야에서 천재성을 드러냈나요?

○ 교과연계 ○
〈5학년 1학기 국어〉
1. 인물의 말과 행동

4. 레오나르도 다 빈치는 왜 말년을 프랑스에서 보내게 되었나요?

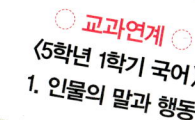

5. 레오나르도 다 빈치가 만능 천재가 될 수 있었던 비결은 무엇일까요? 그림을 그리는 그의 태도를 통해 유추해 보세요.

학부모 및 교사용 도움말

I. 과학 기초 지식 쌓기 동화 내용의 이해

1. 스푸마토 기법으로 연출된 것이다. 이 기법은 색깔과 색깔 사이의 경계선을 명확히 구분하지 않고 부드럽게 섞어 주는 방식으로 칠하는 것이다. 이로 인해 물체들에 덧입은 선들이 희미하게 보여 신비롭고 아련한 분위기를 연출한다.

2. 인체의 전체적인 모습뿐만 아니라 허파, 심장, 뇌 등 각 부위까지 생생하게 그려져 있었다. 장기 속이 들여다보이는 그림, 근육을 줄이나 끈 모양으로 그린 그림, 뼈를 그린 그림 등이 있었다. 실제 사람 몸을 해부하여 매우 정확하게 구체적으로 그린 것들이었다.

3. 레오나르도 다 빈치 아저씨는 도시 설계 및 건축을 할 때 과학적인 면과 예술적인 면을 모두 고려해야 한다고 말했다. 사람들이 안전하고 편리하게 살 수 있도록 과학적인 설계를 하고 공간의 아름다움을 위해 예술적인 면까지 고려하는 것이다.

4. 레오나르도 다 빈치가 로마의 건축가 비트루비우스가 쓴 《건축 10서》의 한 대목을 읽고 그린 그림이다. 우주를 상징하는 원과 정사각형 안에 인체가 그려져 있는데, 정사각형 안에는 십자가 모양으로 두 발을 모으고 양팔을 벌린 남자가, 원 안에는 양팔을 위로 뻗고 두 다리를 벌린 남자가 있다. 이 둘은 같은 사람이며 겹쳐 그려져 있다. 다 빈치는 인체를 자로 직접 측정한 뒤 비례를 산출하여 이 그림을 그렸다. 그림 속 인체는 발바닥부터 정수리까지의 길이와 양팔을 가로로 벌린 길이가 1:1로 같다. 그래서 배꼽을 중심으로 정수리까지의 길이를 반지름으로 하는 원을 그리면 손끝과 발끝이 모두 원주에 닿는다.

5. 원근법과 명암법이다. 원근법은 어떤 장면을 실제 눈으로 보는 것처럼 멀고 가까움을 느낄 수 있도록 표현하는 방법이다. 보통 가까이에 있는 것은 크게 그리고 멀리 있는 것은 작게 그린다. 명암법은 빛에 의해 생기는 그림자를 표현함으로써 밝고 어두운 정도를 나타내는 것이다. 대상의 입체감을 느끼게 해 준다.

6. 발명품 대회 때문에 발명품을 만들어야 하는데, 아이디어가 떠오르지 않아 고민하던 차에 다시 한 번 레오나르도 다 빈치의 코덱스를 보게 되었다. 그 안에는 매우 다양한 그림과 스케치가 그려져 있었다. 동물과 인간의 해부학적 모습뿐만 아니라 악기 설계도, 무기 아이디어 등

다양한 발명품에 대한 그림도 아주 많았다. 이걸 보자 코덱스를 좀 더 살펴보고 싶은 마음이 생겼다. 이를 알아차린 살라이가 게임기를 주는 대신 가져가서 보라고 했다.

7. 지하 방에는 수많은 발명품들이 진열되어 있었다. 땅을 뚫고 흙을 파내는 기계, 용수철의 힘으로 굴러가는 자동차, 날개처럼 생긴 글라이더, 기계로 천을 짜는 방직기, 종이를 인쇄기에 넣어 주는 기계, 공기냉각기 등 사람의 힘을 최소화하고 불편함을 덜어 주는 기계들이었다. 이 중 지금 시대에 견주어도 뛰어나다고 여기는 발명품을 소개해 본다.

8. 레오나르도 다 빈치 아저씨는 동물들을 자세히 관찰했다. 먼저 잠자리를 가져와 연구했다. 잠자리는 나는 동안 앞날개가 올라갈 때 뒷날개는 내려가며 날개에 몸무게를 떠 있게 하는 힘이 충분히 있어야 한다는 사실을 발견했다. 그러다 죽은 새를 해부하면서 새가 하늘을 날 때 쓰는 근육의 비중이 사람보다 많다는 사실을 알아냈다. 이런 과학적 지식을 바탕으로 사람이 사용할 수 있는 날개를 발명하게 되었다.

9. 발명은 과학자의 호기심과 질문에서 시작하기도 하지만, 당대 사람들에게 필요한 것이 무엇인지 생각해 보는 것에서부터 출발한다고 말했다. 단순히 그들의 생활을 편리하게 하는 발명품을 만드는 것이 아니라 시급한 문제를 해결하는 발명을 해야 한다는 뜻이다. 예를 들어 오늘날은 과학 기술이 고도로 발달하여 매우 편리한 생활을 하고 있지만 환경이 많이 파괴되었다. 이에 현대의 과학 발명은 이 환경 문제를 해결하는 방향으로 이루어져야 한다.

10. 레오나르도 다 빈치 아저씨는 자신의 재능을 여러 사람들과 나누기를 원했다. 그래서 무료 영화 상영회를 연 것이다. 자신이 만든 도마뱀 작품을 전시하여 사람들에게 즐거움을 주고 직접 발명한 프로젝터를 이용해 공연을 보여 주었다. 그의 태도는 인류를 위하는 과학자의 자세에 대해 생각하게 한다.

II. 과학 창의력 기르기 이해와 비판

【과학 창의 토론】

1. 그림을 그릴 때 대상을 어떻게 표현해야 한다고 생각하는지에 따라 의견이 나뉠 것이다. 대상을 있는 그대로 표현해야 한다고 생각한다면 수학적인 계산이나 법칙이 필요하다는 레오나르도 다 빈치의 주장에 동의할 것이다. 왜냐하면 대상을 사실적으로 표현하기 위해서는 전체 모

습을 일정한 비율로 축소, 또는 확대해야 하기 때문이다. 만약 개성적이거나 추상적인 표현을 해야 한다고 생각한다면 레오나르도 다 빈치의 의견에 동의하지 않을 것이다. 이때는 주관적인 정서나 생각을 더 우선하게 되기 때문이다.

2. 레오나르도 다 빈치 아저씨의 발명 중에는 무기, 병기가 꽤 많다. 그가 원했다기보다 후원자들이 요구했기 때문이다. 그래서 이들 발명품 중에는 만들지 않은 것도 많고 대중화되지 않도록 설계도를 거의 공개하지 않았다. 그런데 현실에서는 이미 치명적인 무기를 만들어 세계 평화를 위협하는 나라들이 있다. 하지만 무기는 전쟁 도구로, 각 나라에서 무기 발명을 소홀히 하면 막상 전쟁이 일어났을 때 나라를 지킬 수 없다. 이러한 이중성에 대해 토론해 본다. 그리고 이 문제를 어떻게 해결할지 함께 고민해 본다. 예를 들어 전 세계가 무기 개발을 중지할 것을 약속하는 조약을 맺는 것이다.

【과학 창의 논술】

1. 새로운 도시의 모습을 떠올릴 때 생각이 잘 나지 않으면 지금 살고 있는 지역의 불편한 점이나 아름답지 못한 점, 개선되어야 하는 점이 무엇인지 생각해 본다. 그리고 마음에 드는 도시를 조사하여 좋은 점을 응용해 본다. 교통, 주거, 환경, 오락, 여가 등 다양한 부분에서 아이디어를 떠올려 본다. 예를 들어 자동차로 인해 환경오염이 심해지고 교통 문제가 발생한다는 문제의식이 있다면 자동차 없는 도시를 상상해 볼 수도 있을 것이다. 이때에는 자동차 없이 도로가 움직이도록 하는 것을 생각해 볼 수 있다.

2. 우리나라 아이들은 질문하는 힘이 약하다. 평소 질문과 호기심에 부정적인 피드백을 많이 받았기 때문이다. 아이들의 질문에 대부분의 어른들은 '쓸데없는 호기심', '지금은 알 필요 없는 것'이라고 이야기한다. 창의적인 사람이 되려면 끊임없이 질문과 호기심을 가져야 한다. '비가 오면 왜 추울까?' '똑같은 날에 심은 강낭콩이 왜 하나는 빨리 자라고 다른 하나는 늦게 자라는 것일까?'와 같은 자연과 관련된 질문도 좋고 '어른들은 왜 하지 말라는 것이 많을까?'와 같은 질문도 좋다.

III. 과학자 연구 – 레오나르도 다 빈치

1. 레오나르도 다 빈치는 어린 시절 어머니와 헤어져 아버지의 다른 가족들과 살았다. 어머니가 아버지의 정식 부인이 아닌데다 가난한 농부의 딸이었기 때문이다. 게다가 아버지 또한 매우 바빠 다 빈치를 제대로 돌보지 못했다. 그래서 고향 집에서 할아버지, 할머니, 삼촌과 지내게

되었다. 레오나르도 다 빈치는 이들의 사랑을 듬뿍 받았음에도 어머니와 떨어져 살아 늘 마음 한 구석이 허전하고 외로움을 느꼈다. 이렇게 부모님의 사랑을 받지 못한 것이 상처로 남아 사람들과 진실하고 친밀한 관계를 맺지 못하게 되었다.

2. 레오나르도 다 빈치는 노트에 거의 모든 생각, 그것이 좋은 것이든 나쁜 것이든 상관없이 떠오르는 수많은 아이디어를 적고 그림으로 나타냈다. 하지만 레오나르도 다 빈치의 노트에는 무슨 말인지 알 수 없는 글들이 종종 오는데, 글씨를 오른쪽에서 왼쪽으로 썼기 때문이다. 그는 왼손잡이였는데, 이를 십분 활용하여 사람들에게 알리고 싶지 않은 내용, 비밀스런 생각을 노트에 적을 때는 이렇게 글씨를 적는 방향을 반대로 했다.

3. 레오나르도 다 빈치는 화가로 많이 알려져 있는데 과학자, 기술자, 발명가이기도 하다. 그는 정규 교육을 받지 않고 독학으로 미술, 수학, 과학, 기술 등을 습득했다. 그리고 왕성한 호기심으로 각 분야를 과감히 탐구한 끝에 미술 창작, 건축 및 토목 건설, 병기 발명, 기계 발명, 역학, 해부학, 광학, 식물학, 기상학, 천문학, 수학, 지리학 등에서 천재성을 발휘했다.

4. 프랑스가 이탈리아를 공격했을 때 교황이 레오나르도 다 빈치에게 프랑스 왕을 만나 전쟁 문제를 해결해 줄 것을 부탁한다. 이에 레오나르도 다 빈치는 프랑스 왕의 환영회를 열고 선물을 주어 환심을 산다. 덕분에 전쟁은 확대되지 않았고, 프랑스 왕은 레오나르도 다 빈치가 마음에 들어 함께 프랑스로 가자고 제안한다. 레오나르도 다 빈치는 이 제안을 받아들여 프랑스로 가서 남은 생을 보내게 된다. 레오나르도 다 빈치는 프랑스 왕의 친구가 되어 편안한 삶을 살다 거기서 생을 마감한다.

5. 레오나르도 다 빈치는 그림 하나를 그릴 때도 그냥 보이는 대로 마구 그린 것이 아니라 치밀한 관찰 끝에 그렸다. 한 면에서 보이는 현상만 관찰하지 않고 모든 현상을 관찰하고 탐구하여 화폭에 담았다. 예를 들어 인체를 그릴 때 드러나지 않는 몸 속 장기까지 해부를 통해 철저히 살핀 뒤 그렸다. 이렇게 자연 현상을 하나하나 꼼꼼히 들여다보는 치밀한 관찰력과 탐구심, 이를 바탕으로 한 창의적인 생각과 실험 정신이 그를 만능 천재로 만들었을 것이다.

과학의 기초를 잡아주는 처음 과학동화 ❹
레오나르도 다 빈치 아저씨네 피자 가게

1판 1쇄 발행 | 2016. 5. 25.
1판 4쇄 발행 | 2020. 3. 11.

장지혜 글 | 정인하 그림 | 송은영 감수

발행처 김영사
발행인 고세규
편집 김효성 디자인 윤소라
등록번호 제 406-2003-036호
등록일자 1979. 5. 17.
주소 경기도 파주시 문발로 197(우10881)
전화 마케팅부 031-955-3100 편집부 031-955-3113~20
팩스 031-955-3111

ⓒ 2016 장지혜, 정인하
이 책의 저작권은 저자에게 있습니다. 저자와 출판사의 허락 없이 내용의 일부를 인용하거나
발췌하는 것을 금합니다.

값은 표지에 있습니다.
ISBN 978-89-349-7466-6 74810
ISBN 978-89-349-7119-1(세트)

좋은 독자가 좋은 책을 만듭니다. 김영사는 독자 여러분의 의견에 항상 귀 기울이고 있습니다.
전자우편 book@gimmyoung.com | 홈페이지 www.gimmyoungjr.com

이 도서의 국립중앙도서관 출판시도서목록(CIP)은 서지정보유통지원시스템 홈페이지(http://seoji.nl.go.kr)와
국가자료공동목록시스템(http://www.nl.go.kr/kolisnet)에서 이용하실 수 있습니다.
(CIP제어번호 : CIP2016012301)

어린이제품 안전특별법에 의한 표시사항
제품명 도서 제조년월일 2020년 3월 11일 제조사명 김영사 주소 10881 경기도 파주시 문발로 197
전화번호 031-955-3100 제조국명 대한민국 ⚠주의 책 모서리에 찍히거나 책장에 베이지 않게 조심하세요.